Treichel | Der Verlorene

Lektüreschlüssel XL

für Schülerinnen und Schüler

Dieses Buch wurde klimaneutral gedruckt.

Alle CO_2-Emissionen, die beim Druckprozess unvermeidbar entstanden sind, haben wir durch ein Klimaschutzprojekt ausgeglichen, das sich für den Regenwaldschutz in Papua-Neuguinea einsetzt.

Nähere Informationen finden Sie hier:

Hans-Ulrich Treichel

Der Verlorene

Von Jan Standke

Reclam

Dieser Lektüreschlüssel bezieht sich auf folgende Textausgabe:
Hans-Ulrich Treichel: *Der Verlorene*. Frankfurt a. M.: Suhrkamp,
13 2016.

Lektüreschlüssel XL | Nr. 15518
2020 Philipp Reclam jun. Verlag GmbH,
Siemensstraße 32, 71254 Ditzingen
Druck und Bindung: Kösel GmbH & Co. KG,
Am Buchweg 1, 87452 Altusried-Krugzell
Printed in Germany 2021
RECLAM ist eine eingetragene Marke
der Philipp Reclam jun. GmbH & Co. KG, Stuttgart
ISBN 978-3-15-015518-9

Auch als E-Book erhältlich

www.reclam.de

Inhalt

1. Schnelleinstieg

Autor	Hans-Ulrich Treichel, geboren am 12. August 1952 in Versmold, Westfalen, Schriftsteller und Germanist, bis 2018 Professor am Deutschen Literaturinstitut der Universität Leipzig
Erscheinungsjahr	1998 im Suhrkamp Verlag
Gattung	Erzählung
Ort und Zeit der Handlung	Ein namenloser Ich-Erzähler erinnert sich an seine Kindheit und Jugend in einer ostwestfälischen Kleinstadt in den 1950/60er Jahren. Rückblenden reichen bis ins Jahr 1945 zurück. Weitere Handlungsorte sind Heidelberg und eine Kleinstadt im Weserbergland.
Erzählperspektive	Ich-Erzählperspektive
Historischer Hintergrund	Die Erzählhandlung spielt vor dem historischen Hintergrund der Flucht und Vertreibung Deutscher aus Ostpreußen in den letzten Monaten des Zweiten Weltkriegs sowie während der vom Wirtschaftswunder geprägten 1950/60er Jahre in der Bundesrepublik.

Als der auf Hans-Ulrich Treichels Erzählung *Der Verlorene* basierende Fernsehfilm *Der verlorene Bruder* im Dezember 2015 erstmals in der ARD ausgestrahlt wird, ist die Überraschung groß: 5,77 Millionen Zuschauerinnen und Zuschauer sehen den Film über ein

Familienschicksal im Deutschland der Nachkriegszeit, darunter auch über eine Million in der jüngeren
Altersgruppe von 14 bis 49 Jahren. Die Einschaltquote
liegt damit nur knapp hinter der des Champions-Le-
ague-Spiels des FC Barcelona gegen Bayer Leverku-
sen.[1] Treichels Thema trifft ganz offensichtlich einen
Nerv des Publikums. Schon seine 1998 erschienene
Erzählung war ein großer literarischer Erfolg und zugleich der Durchbruch des Autors.

■ Einen Nerv
getroffen

Was Treichel in *Der Verlorene* erzählt, ist auf den
ersten Blick gar nicht so außergewöhnlich. Ein namenloser Ich-Erzähler erinnert sich an seine Kindheit
und Jugend in den 1950/60er Jahren, irgendwo in der
ostwestfälischen Provinz. Dort ließen sich seine Eltern nieder, nachdem sie in den letzten Monaten des
Zweiten Weltkriegs aus Ostpreußen fliehen mussten.
In der neuen Heimat hat der Vater es zum Großhändler für Fleisch- und Wurstwaren gebracht. Die Mutter
unterstützt als Hausfrau den wirtschaftlichen Aufstieg ihres Mannes und erster Wohlstand stellt sich
ein. Das Familienleben hingegen ist von Schweigen
bestimmt. Schuld- und Schamgefühle begleiten die
Kindheit des Erzählers. Sie rühren, wie sich herausstellen soll, unter anderem vom Verlust seines älteren

---

1 Alexander Krei, »ARD-Drama kommt der Champions-
League nahe«, in: *DWDL.de*: www.dwdl.de/zahlenzentrale/
53844/arddrama_kommt_der_champions_league_nahe/
?utm_source=&utm_medium=&utm_campaign=&utm_
term= (Stand: 22. 1. 2020).

Bruders Arnold her, der auf der Flucht in den Westen verlorenging.

Jahre später macht der Suchdienst des Roten Kreuzes ein Findelkind ausfindig, das der verlorene Bruder sein könnte. Bevor die Familie zueinanderfinden kann, muss aber die Verwandtschaft mit dem Findelkind nachgewiesen werden. Eine Odyssee der erbbiologischen Untersuchungen, Vermessungen und Berechnungen beginnt.

■ Familiengeheimnis

Die Ergebnisse sind betrüblich. Denn am Schluss gilt eine Verwandtschaft als nahezu ausgeschlossen und auch ein Adoptionsantrag der Mutter scheitert. Kurz bevor die Mutter das beinahe erwachsene Findelkind in einer nahegelegenen Stadt sehen könnte, schreckt sie zurück. Der Ich-Erzähler hingegen meint, seinen Doppelgänger zu erblicken. Ob das Findelkind tatsächlich der gesuchte Bruder ist, bleibt offen.

■ Unwahrscheinliche Verwandtschaft

Treichels Ich-Erzähler wächst während des bundesdeutschen Wirtschaftswunders auf. Den Zweiten Weltkrieg hat er nicht miterlebt. Mit seinen Konsequenzen ist er dennoch konfrontiert. Denn unter der Oberfläche von wirtschaftlichem Aufschwung und Konsum wirken die Traumata weiter, die Flucht und Vertreibung bei den Eltern hinterlassen haben: der Verlust des Bruders, der Verlust von Haus und Hof in Ostpreußen, eine mutmaßliche Vergewaltigung der Mutter während der Flucht. Es stellt sich aber auch die Frage nach historischer Schuld: Der Vater war Soldat, und rassistisch gefärbte Ressentiments gegen Polen und Russen sind ihm nicht fremd. Welche Rolle er im

■ Nachwirken des Krieges

Krieg spielte und wie er zu den Besitztümern in Ostpreußen gekommen war, erfahren die Leserinnen
und Leser nicht. Statt über ihre Erfahrungen zu sprechen, verdrängen die Eltern das Erlebte. Die Mutter
flüchtet sich in Schweigen und Melancholie, der Vater
stürzt sich in die Arbeit. Die Traumata, die Scham
und Schuld der Eltern übertragen sich auch auf den
Sohn.

Das Schicksal der Eltern ähnelt den Erlebnissen vieler, die nach ihrer Flucht und Vertreibung während
des Zweiten Weltkriegs in Deutschland ankamen.
Der Verlorene ist ein Stück literarische Mentalitätsgeschichte der Nachkriegszeit, die der Ich-Erzähler anhand seiner Betrachtungen der familiären Verhältnis-
se entwirft. Er berichtet vom gesellschaftlichen Umgang mit der Vergangenheit und individueller Schuld,
von den Herausforderungen der 1950/60er Jahre,
aber auch vom unterschwelligen Fortleben nationalsozialistischer Ideologie. Auch lange tabuisierte Themen wie sexuelle Gewalt als Nebenerscheinung des
Krieges werden angesprochen. Vor allem aber wird
vom Aufwachsen und der Identitätssuche in einer Familie berichtet, die dem Abwesenden mehr Bedeutung zumisst als dem Anwesenden.

■ Literarische Mentalitätsgeschichte

Mit dem Ich-Erzähler hat der Autor Treichel manches gemeinsam. Auch der älteste Bruder des Autors
ging auf der Flucht der Eltern aus Polen verloren.
Doch *Der Verlorene* ist keineswegs nur ein faktischer
Lebensbericht des Autors. Die Erzählung ist komplex
komponiert, reich an Symbolik und mythologischen

■ Autobiografische Grundlage

Bezügen sowie ironisch im Ton. Biografie und Fiktion fließen bei Treichel kunstvoll zusammen.

In anderen literarischen Texten hat Treichel die Ereignisse, von denen *Der Verlorene* handelt, weitererzählt und aus verschiedenen Blickwinkeln beleuchtet. *Der Verlorene* ist somit intertextuell mit weiteren Erzählungen und Romanen Treichels verbunden und eignet sich als Einstieg in das Werk eines wichtigen Erzählers der deutschsprachigen Gegenwartsliteratur.

■ Intertextualität

Die filmische Adaption der Erzählung sowie eine Dramatisierung für die Theaterbühne bieten medienspezifische Bearbeitungen des literarischen Stoffs.

■ Medien

Durch die enorme Bedeutung der Themen Flucht und Migration für unsere Gegenwart hat Treichels historisch orientierte Erzählung an Aktualität gewonnen.

■ Aktualität

2. Inhaltsangabe

In *Der Verlorene* berichtet ein namenloser Ich-Erzähler von seiner Kindheit und Jugend in einer ostwestfälischen Stadt. Die erzählte Handlung beginnt in den 1950er Jahren und reicht bis ins Jahr 1964. Einzelne Rückblenden vermitteln zudem Erlebnisse der Eltern auf der Flucht aus Ostpreußen und führen ins Jahr 1945 zurück.

Das Familienalbum

Der Verlorene beginnt mit der Betrachtung einer Fotografie: »Mein Bruder hockte auf einer weißen Wolldecke und lachte in die Kamera.« (S. 7) Der namenlose Ich-Erzähler beschreibt ein Foto, das seinen ca. einjährigen Bruder Arnold zeigt und »ganz vorn« (S. 7) im Familienalbum platziert ist.

■ Bruder
Arnold

Die Mutter, der beim Betrachten des Fotos stets die Tränen kommen, erklärt, dass dieses Bild im letzten Kriegsjahr »zuhaus« entstanden sei, kurz bevor die Familie aus dem »Osten« (S. 7) habe fliehen müssen. Der Ich-Erzähler beneidet den älteren Bruder um dessen Platz im Familienalbum und um die Aufmerksamkeit der Mutter, der das Foto stets »Anlaß zu unerschöpflicher Betrachtung bot« (S. 10). Vom Ich-Erzähler finden sich lediglich »winzige[]« (S. 10) Fotos im Album, auf denen nur einzelne Körperteile zu erkennen sind. Von der Mutter werden sie rasch überblättert. Zunächst zeigt sich der Ich-Erzähler nur »beiläufig beunruhigt« (S. 10) darüber, dass er seinen älteren Bruder bislang nie kennengelernt hat.

Als die Mutter ihm »[i]rgendwann« (S. 10) mitteilt, dass sein Bruder auf der »Flucht vor dem Russen« (S. 11) verhungert sei, stellt der Ich-Erzähler Fragen nach den näheren Umständen, die unbeantwortet bleiben. Da der Ich-Erzähler nun weiß, dass Arnold tot ist, kann er leichter mit dessen Foto umgehen und der ältere Bruder wird ihm sogar »sympathisch« (S. 11). Denn mit einem »auf der Flucht [...] verhungert[en]« (S. 12) Bruder kann er vor seinen Spielkameraden angeben.

■ »Flucht vor dem Russen«

Die Wahrheit über den »toten« Bruder

Der Ich-Erzähler lebt einige Jahre in der Überzeugung, sein Bruder sei tot, bis ihm die Mutter in einer »Aussprache« (S. 12) die Wahrheit über Arnold offenbart: Arnold sei gar nicht tot, stattdessen sei er auf der Flucht aus der ostpreußischen Heimat verlorengegangen. Es fällt der Mutter schwer, den Grund für das Verschwinden des älteren Sohnes auch nur »annähernd begreiflich zu machen« (S. 14), und der Ich-Erzähler versteht die »Geschichte vom verlorengegangenen Arnold« (S. 13) dementsprechend auch nur zum Teil.

■ Aussprache mit der Mutter

Eines Morgens hätten russische Soldaten den Treck der Eltern gestoppt und sich »ihre Opfer« aus den Flüchtenden herausgesucht, darunter auch die Eltern des Ich-Erzählers. Aus panischer Angst vor einer Er-

■ Auf der Flucht gestoppt

schießung habe die Mutter Arnold einer neben ihr hergehenden Frau in die Arme gelegt (S. 15). Die Frau sei sofort in der Menschenmenge verschwunden, so dass sie ihr nicht einmal den Namen des Kindes habe zurufen können.

Die Eltern wurden von den russischen Soldaten nicht erschossen, aber dennoch sei das »Schreckliche« – vermutlich eine Vergewaltigung der Mutter – »dann doch passiert« (S. 16). Auf die Neuigkeiten über den »untoten Bruder« (S. 17) reagiert der Ich-Erzähler wütend. Er erkennt nun, dass ihm durch Arnolds Schicksal nur eine »Nebenrolle« (S. 17) in der Familie zugewiesen wurde.

Der Ich-Erzähler macht den Bruder dafür verantwortlich, dass er in einer »von Schuld und Scham vergifteten Atmosphäre« (S. 17) aufwächst, die alle Lebensbereiche durchdringt. Vor allem die sonntäglichen Ausflüge, die die Familie mit der »schwarzen Limousine« (S. 18) des Vaters in den Teutoburger Wald unternimmt, erlebt der Ich-Erzähler als »wahre Schuld- und Schamprozessionen« (S. 19).

Um den Ausflügen zu entgehen, legt sich der Ich-Erzähler eine »spezielle Form von Reisekrankheit« (S. 21) zu. Während der Autofahrten, für die der Vater verschiedene neue Limousinen anschafft (S. 21), und später dann auch im Zug muss sich der Ich-Erzähler regelmäßig erbrechen. Die Eltern kapitulieren schließlich, und der Ich-Erzähler darf die Sonntage fortan zu Hause verbringen. Die sonntäglichen Stunden sieht er als seine »schönsten Kindheitserinnerun-

■ Das »Schreckliche« geschieht

■ Schuld und Scham

■ Reisekrankheit

14

gen«, obwohl er nach kurzer Zeit stets »Beklemmung und Verlassenheit« (S. 23) empfindet. Ablenkung findet er z. B. bei seinen Versuchen, mit geschlossenen Augen die am Wohnzimmer vorbeifahrenden Autos am Motorgeräusch zu erkennen, oder beim »exzessive[n] Radiohören« (S. 24).

Bei der Sendersuche lauscht er begierig russischen Worten und bildet sich ein, dass die Worte in der fremden Sprache etwas mit dem Schicksal seiner Familie zu tun haben (S. 25). Dass der Ich-Erzähler seine Zeit nun oft auch vor dem neuen Fernsehgerät verbringt, findet der Vater »unerträglich« (S. 26). Deshalb überhäuft der sonst sehr wortkarge Vater den Sohn mit Arbeitsanweisungen, sobald der Fernseher eingeschaltet ist (S. 27).

■ Radio und russische Worte

■ Fernsehen

Nur wenn Tante Hilde, die ältere, verwitwete Schwester des Vaters, zu Gast ist, findet dieser Gefallen am Fernsehen. Es amüsiert ihn, dass die strenggläubige Hilde durch das Fernsehen in »Versuchung[ ]« (S. 29) geführt wird. Denn eigentlich liest sie ständig nur im »Kirchenblättchen«, diskutiert die »Wochenlosung« und hält das Fernsehen für eine »Erfindung des Teufels« (S. 28). Heimlich interessiert sie sich aber doch für das Fernsehprogramm. Sie sitzt zwar abgewandt, hört aber aufmerksam zu, während die Mutter und der Ich-Erzähler auf den Bildschirm blicken.

■ Tante Hilde

Die Freude, die Mutter und Sohn am Fernsehen empfinden, wird von Schuld- und Schamempfindungen verdrängt, sobald es auf dem Bildschirm harmlose Intimitäten, z. B. Kussszenen, zu sehen gibt (S. 31).

■ Intimität und Scham

Die Beschämung hält auch dann noch an, wenn keinerlei intime Szenen mehr zu sehen sind. »Die bloße Zweisamkeit vor dem Fernseher« (S. 31) treibt dann dem Ich-Erzähler die Schamröte ins Gesicht. Die Mutter entgeht der Situation, indem sie den Fernseher ausschaltet, den Raum verlässt und sich im Haus »zu schaffen« (S. 32) macht.

Der wirtschaftliche Aufstieg des Vaters

■ Wirtschaftlicher Aufstieg

Der Vater des Ich-Erzählers verfolgt währenddessen ausschließlich den wirtschaftlichen Aufstieg. Zunächst betrieb er eine Leihbücherei und dann ein Lebensmittelgeschäft; nun führt er einen Fleisch- und Wurstgroßhandel (S. 32). Für diesen Aufstieg hat sich der Vater fleißig weitergebildet; bei der Industrie- und Handelskammer legte er die Prüfung zum Großhandelskaufmann ab (S. 33).

■ Großhandel

Zu seinen Aufgaben als Großhändler gehört es auch, zu Kunden zu reisen und sich deren Sorgen anzuhören. Der Ich-Erzähler begleitet den Vater auf diesen Reisen gelegentlich und beobachtet dabei die Lebensmittelhändler. Viele der Händler erscheinen ihm als »gehetzte« und »traurige« Menschen, die meisten haben gesundheitliche Probleme (S. 35). Mit den Lebensmittelhändlern spricht der Vater über die Konkurrenz, die wählerische Kundschaft und das aktuelle Angebot (S. 35–37).

Eine kulinarische Vorliebe des Vaters ist frischer Schweinekopf. In jedem Frühjahr und Herbst bringt er ein Exemplar nach Hause, aus dem die Mutter eine ganz Fülle an Speisen zubereitet, von denen sich die Familie wochenlang ernährt. Der Ich-Erzähler nimmt nur widerwillig am Schweinekopfessen teil, da ihn die grausame Schlachtung der Tiere schockiert (S. 40 f.). Ein besonderes Ereignis des Schlachttags, an dem auch Bekannte der Eltern aus dem Osten teilnehmen, ist der Verzehr des Schweinehirns. An diesen Tagen erinnert sich der Vater an seine Heimat und es geht – was dem Sohn gefällt – so »ausgelassen« zu wie »in [s]einem Elternhaus sonst nie« (S. 43). Allerdings wird er vom Vater zum Verzehr des Schweinehirns verpflichtet: »›Hirn macht klug‹, [...] in den Augen des Vaters fehlte mir nichts so sehr wie eine anständige Portion Hirn« (S. 42).

■ Schweinekopf als Festessen

Die Gäste des Essens erzählen heitere Anekdoten über das Schlachten unterschiedlicher Tiere, die beim Ich-Erzähler zuweilen Alpträume hervorrufen. Irgendwann nehmen die fröhlichen Abende jedoch eine Wendung, die Heiterkeit schwindet und die Gespräche verstummen. Dem Ich-Erzähler scheint es, dass die Eltern in den folgenden Tagen durch Schweigen und Geschäftigkeit für das »gute Essen« und die kurzen Momente der Heiterkeit »büße[n]« (S. 45).

■ Buße

Den Vater treibt der Wunsch nach wirtschaftlicher Expansion zu umfangreichen Umbauarbeiten am Haus der Familie. Die Renovierungen und Erweiterungen führen so weit, dass »nichts mehr dem alten glich«. Für den Ich-Erzähler bedeuten die Umbauten den Verlust seines »Kindheitslabyrinth[s]« (S. 46). Zu-

■ Umbau des Hauses

■ Kindheitslabyrinth

vor nämlich diente ihm das Haus als mythischer Spielplatz, den er gern durchwanderte. Besondere Bedeutung kam dabei dem Dachboden zu, den der Ich-Erzähler als seinen »Zauberwald« und »Angstort« (S. 46) bezeichnet. Durch die Falltür des Dachbodens konnte er einen Raum sehen, den er »noch nie betreten hatte« (S. 47). Der Ich-Erzähler traut sich nicht, seine Eltern nach diesem Raum zu fragen. Er ist sich sicher, dass er auch nach dem Hausumbau noch existiert.

Das Findelkind 2307

Als die Arbeiten am Haus beendet sind, erleidet die Mutter einen Zusammenbruch (S. 48). Der Arzt diagnostiziert eine Überanstrengung und die Mutter tritt eine mehrwöchige Kur an. Vom Vater wird sie dort an den Wochenenden besucht. Als er von einem der Besuche zurückkehrt, erklärt er dem Sohn, dass der wahre Grund für den Zusammenbruch der Mutter der nicht überwundene Verlust des älteren Bruders Arnold sei (S. 48 f.). Hierauf entgegnet der Ich-Erzähler, dass die Mutter ihn bereits darüber informiert habe, dass Arnold noch am Leben sei. Nun erfährt der Ich-Erzähler vom Vater, dass auch diese Wahrheit nicht vollständig ist.

Seit Jahren schon, so erklärt der Vater, suchen die Eltern mit Hilfe des Suchdienstes des Deutschen Roten Kreuzes nach Arnold. Und jetzt sei jemand gefunden worden, »bei dem es sich um Arnold handeln

■ Zusammen-
bruch

■ Suche nach
Arnold

könnte« (S. 50). Den Ich-Erzähler, bei dem die Neuigkeiten die »alte Übelkeit« (S. 50) hervorrufen, bittet
der Vater nun um Hilfe. Da das Jugendamt noch
Zweifel habe, müsse er daran mitwirken, die Verwandtschaft mit dem »Findelkind 2307« (S. 52) zu bestätigen. Der Sohn reagiert verwundert: »Der Vater
hatte mich noch nie um etwas gebeten« (S. 50).

■ Findelkind
2307

Der Vater betont, es gebe schon jetzt viele Anzeichen dafür, dass es sich beim Findelkind um Arnold
handle. Bei einem Termin auf der Suchdienststelle
hätten die Eltern ein Foto des nun beinahe erwachsenen Findelkindes gesehen, das wie Arnold über »einen auffällig starken Haarwirbel an der rechten Seite«
(S. 51) verfüge. Außerdem solle das Findelkind demselben Treck angehört haben wie die Eltern und dort
am 20. Januar 1945 einer Frau übergeben worden
sein – demselben Tag, an dem die Mutter Arnold aus
den Händen gegeben habe. Nicht zuletzt habe das
Findelkind eine verblüffende Ähnlichkeit mit dem
Ich-Erzähler; er sei ihm »wie aus dem Gesicht geschnitten« (S. 55). Diese Formulierung ruft beim Ich-
Erzähler unvermittelt »eine Art Magenkrampf« (S. 55)
hervor, als würde er die »Schnitte spüren«; ihn durchzucken »Schmerzblitze« und sein Gesicht verzieht
sich zu einem unfreiwilligen »krampfartige[n] Grinsen« (S. 56).

■ Schlüs-
seldatum
20. Janu-
ar 1945

Der Vater missversteht das Grinsen als unange-
messene Reaktion des Sohnes. Er teilt dem Ich-Erzähler mit, dass sie nach dem Kuraufenthalt der Mutter ein Institut würden aufsuchen müssen, wo die

Verwandtschaft mit dem Findelkind bestätigt werden solle. Da der Ich-Erzähler auch nach dem Gespräch mit dem Vater unter den Gesichtskrämpfen leidet, sucht er einen Arzt auf, der eine »Trigeminusneuralgie« (S. 57) diagnostiziert. Der Arzt empfiehlt, abzuwarten, ob sich das Leiden von selbst erledigt. Die Krämpfe verschwinden jedoch nicht, und der Ich-Erzähler ist überzeugt davon, dass sie durch die Geschehnisse um seinen Bruder Arnold hervorgerufen werden (S. 57). Er möchte niemandem ähnlich sein, schon gar nicht Arnold.

■ Trigeminusneuralgie

Die Vergleiche mit dem älteren Bruder führen dazu, dass der Ich-Erzähler eine einsetzende Selbstentfremdung verspürt: »Jeder Blick in den Spiegel irritierte mich. Ich sah nicht mich, sondern Arnold, der mir zunehmend unsympathischer wurde« (S. 58).

■ Selbstentfremdung

Die Mutter kehrt nahezu unverändert aus der Kur zurück. Ihre Stimmung ändert sich erst, als ein Kriminalbeamter in Begleitung des Revierpolizisten, Herrn Rudolph, ins Haus der Eltern kommt, um die Fingerabdrücke der Familie für die weiteren Untersuchungen abzunehmen (S. 58). Sechs Wochen nachdem auch der Hausarzt Blutproben der Familienmitglieder entnommen und eingeschickt hat, erhalten die Eltern die Ergebnisse der Untersuchung vom Institut für Gerichtliche Medizin der Universität Münster (S. 59).

■ Fingerabdrücke und Blutproben

Der Vater quält sich durch das Gutachten, das komplizierte Fachbegriffe enthält und in der Beurteilung einer möglichen Verwandtschaft mit Arnold uneindeutig bleibt. Der Befund, dass die Elternschaft bezüglich Arnold »wenig wahrscheinlich [...], aber nicht unwahrscheinlicher als auch für das eheliche Kind der Antragsteller« (S. 60) ist, irritiert den Ich-Erzähler.

Er befürchtet, eventuell nicht das leibliche Kind seiner Eltern zu sein: »Ich wollte aber nicht unwahrscheinlich werden, sondern der bleiben, der ich war« (S. 61). Schließlich kommen der Ich-Erzähler und die Eltern zu unterschiedlichen Deutungen des Gutachtens. Sieht der Ich-Erzähler die Verwandtschaft mit Arnold als unwahrscheinlich an, gelangen die Eltern zum entgegengesetzten Urteil. Von weiteren Untersuchungen erhoffen sie sich doch noch eine Bestätigung der sehr unwahrscheinlichen Verwandtschaft mit dem Findelkind.

■ Befürchtungen

Obwohl das Jugendamt abrät, beantragen die Eltern ein »Anthropologisch-erbbiologisches Abstammungsgutachten« (S. 62 f.). Da sich das Findelkind schon einmal einer Begutachtung unterziehen musste, stimmt das Jugendamt vorerst nur einem Bildvergleich zu (S. 63).

■ Weitere Untersuchungen

Um die hierfür benötigten Fotos aller Familienmitglieder beizubringen, löst die Mutter schweren Herzens Arnolds Foto aus dem Album heraus (S. 63). Da vom Ich-Erzähler keine brauchbaren Bilder existieren, wird er zum Fotografen geschickt. Er betrachtet den Schaukasten, in dem Arbeiten des Fotografen ausgestellt sind. Für ihn kommt die Zurschaustellung der Fotografierten einem »Pranger« (S. 65) gleich. Die gezeigten Menschen erscheinen ihm wie »Tote« (S. 65).

■ Fotografien

■ Pranger

Da für die Untersuchung vor allem Fotografien seines Hinterkopfes und die »Ohrenhinteransicht« (S. 66) erforderlich sind, muss er sich auf Drängen des Vaters die Haare kurzschneiden lassen. Dies empfindet er als besondere Tortur, denn er »betrachtete [s]einen Hinterkopf in gewisser Weise als [s]einen schwächsten und unansehnlichsten Körperteil« (S. 67). Nach wiederum sechs Wochen erhalten die Eltern die Ergebnisse des Bildvergleichs vom Anthropologischen Institut.

Ein Professor Dr. med. Friedrich Keller erklärt, dass ein Vergleich schwierig ist, da auf dem Foto des gesuchten Arnold die Ohren verdeckt sind (S. 68 f.), was von den Eltern mit Bestürzung, vom Ich-Erzähler hingegen mit Schadenfreude zur Kenntnis genommen wird. Die Ausführungen, die sich u. a. auf einen Vergleich von Stirn, Lidspalte und anderen physiognomischen Merkmalen beziehen, schließen mit dem Ergebnis, dass eine Familienähnlichkeit »in hohem Maße unwahrscheinlich« (S. 73) sei.

■ Bildvergleich

Der Ich-Erzähler, für den Arnold nun »ein weiteres Mal gestorben« (S. 73) ist, ist beruhigt, dass er sein Zimmer doch nicht mit dem Bruder teilen muss. Die Eltern hingegen sind angesichts des Gutachtens verzweifelt, und vor allem die Mutter bricht immer wieder in Tränen aus. Oftmals presst sie ihren jüngeren Sohn nun an sich, dem dies jedoch unangenehm ist. Mit dem Vater, der sich verstärkt um das Geschäft und die »Umsatzsteigerung« (S. 75) kümmert, gerät die Mutter nun häufig in Streit.

■ Verzweiflung der Eltern

Um der Konkurrenz weiterhin voraus sein zu kön-

nen, beschließt der Vater, ein Kühlhaus zu errichten. ■ Kühlhaus
Dafür werden die Nebengebäude des Hauses, die den
Vater an seine »bäuerliche Vergangenheit in Rakowiec
erinnerten« (S. 76), abgerissen. Die Mutter und der
Ich-Erzähler müssen bei den Bauarbeiten helfen. Der
vom Vater erwünschte Erfolg tritt rasch ein, und er
baut sein Geschäft weiter aus, wobei die Mutter ihn
unterstützt.

Eines Abends erleidet die Mutter einen Schwäche- ■ Schwäche-
anfall und zieht sich beim Sturz eine Schädelfraktur   anfall der
zu (S. 80). Die Heilung dauert lange, und die Mutter   Mutter
verfällt im Krankenhaus ihren Gedanken an das
»Schreckliche« (S. 80), das ihr auf der Flucht zugesto-
ßen ist. Nach ihrer Entlassung aus dem Krankhaus ist
die Mutter trauriger als zuvor.

Der Vater möchte sie mit dem Kauf eines neuen
Opel »Admiral« (S. 80) aufheitern. Das Bargeld, mit ■ Bargeldver-
dem der Vater das Auto bezahlen möchte, wirft die   brennung
Mutter kurzerhand in den brennenden Küchenherd:
»Sie wolle keinen Admiral, sagte die Mutter. Sie wolle
ihr Kind« (S. 82). Der Vater kann einen Teil des Geldes
retten, die Asche der verbrannten Scheine bewahrt er
in einem Einmachglas auf. Nach diesen Ereignissen
streiten die Eltern nicht mehr. Das Auto kauft der Vater dennoch, beantragt beim Jugendamt und beim
Suchdienst aber auch »ein anthropologisch-erbbiologisches Abstammungsgutachten« (S. 82 f.) und kommt
so dem Wunsch der Mutter nach.

Reise nach Heidelberg

Als das Jugendamt Einwände gegen den Antrag der Eltern erhebt, erstreitet der Vater das Gutachten vor Gericht und die Familie erhält einen Termin bei Professor »Dr. phil. et med. Freiherr von Liebstedt« (S. 83) an der Universität Heidelberg. Seit der Untersuchungstermin bekannt ist, bessert sich der Zustand der Mutter. Beim Ich-Erzähler kehrt auch im neuen Opel die bekannte Reiseübelkeit zurück, wofür der Vater kein Verständnis hat. Er hält den Sohn für undankbar. Auch die Gesichtskrämpfe des Ich-Erzählers treten wieder auf und versetzen den Vater zusätzlich in Rage (S. 85 f.).

In Heidelberg ist der Vater aus Ehrfurcht vor dem Professor »nervös wie ein Prüfling« (S. 86). Im Institut nimmt eine Laborantin erste Untersuchungen vor und erstellt auch Gipsabdrücke der Füße aller Familienmitglieder. Dabei bemerkt der Ich-Erzähler die unterschiedlichen Füße des Vaters. Der linke Fuß erscheint ihm »krallenartig[]« (S. 89). Anschließend werden weitere »Körperbaumerkmale« (S. 93) ermittelt, wofür der Ich-Erzähler seinen Oberkörper entkleiden muss. Während der Untersuchung bricht er vor Scham in Schweiß aus.

Da der Professor die Familie erst am Nachmittag empfängt, besuchen sie zwischenzeitlich die Kantine des Instituts und setzen sich an einen Tisch, an dem bereits ein redseliger Fahrer eines Leichenwagens seine Mahlzeit einnimmt (S. 97). Mit seinen Ausführungen zur Güte verschiedener Speisekantinen sowie der

Margin notes:
- Abstammungsgutachten
- Institut in Heidelberg
- Schweißausbruch
- Leichenwagenfahrer

Hygienequalität und Effizienz moderner Krematorien ermüdet der Fahrer die Eltern. Der Ich-Erzähler beobachtet ihn jedoch aufmerksam und sucht an ihm nach Zeichen des Todes (S. 104 f.)

Am Nachmittag findet der Termin mit dem Professor statt. Die Anspannung löst sich, als der Professor feststellt, dass sein Großvater mütterlicherseits aus der Herkunftsregion des Vaters des Ich-Erzählers stammt. Beide tauschen sich über die Unordnung der »Polen« und »Russen« (S. 110) aus und bestätigen sich in ihren rassistischen Vorurteilen.

Professor Freiherr von Liebstedt

Während der Ich-Erzähler die schmerzhafte Vermessung seines Kopfes zur Ermittlung der »relative[n] Kieferwinkelbreite« (S. 116) und andere Untersuchungen über sich ergehen lässt, fallen ihm Einschusslöcher im Büro des Professors auf. Nach den Untersuchungen unternimmt die Familie einen Spaziergang durch Heidelberg und der Ich-Erzähler bemerkt ungewohnte Gesten der Zuneigung zwischen Mutter und Vater (S. 118 f.).

Vermessung des Kopfes

Zeichen der Zuneigung

Vor der Abreise am folgenden Tag informiert der Professor die Familie über die vorläufigen Ergebnisse der Untersuchung, die noch keinen abschließenden Befund zulassen. Eine Verwandtschaft mit dem Findelkind sei keinesfalls auszuschließen, könne aber auch nicht aus einigen Gemeinsamkeiten eindeutig abgeleitet werden. »Unentschieden sozusagen« (S. 126), kommentiert der Professor die Situation flapsig. Die ausstehenden Ergebnisse sollen den Eltern später zugesandt werden.

Fraglichkeit der Verwandtschaft

■ Tobsuchts-
anfall des
Vaters

Auf der Rückreise empört sich der Vater so sehr über das unbefriedigende Untersuchungsergebnis, dass ihn Schmerzen in der Brust befallen und die Mutter weiterfahren muss (S. 126). Zu Hause wird die Familie vom Revierpolizisten Rudolph empfangen,

■ Einbruch ins
Kühlhaus

der mitteilt, dass Diebe ins Kühlhaus eingebrochen sind, einen Großteil der Waren gestohlen und auch noch die Kühlung abgestellt haben. Die meisten verbliebenen Wurst- und Fleischbestände sind deshalb verdorben.

Reagiert die Mutter mit dem Hinweis auf die Versicherung gefasst, sackt der Vater zusammen. Der hinzugerufene Notarzt diagnostiziert eine Kreislaufschwäche und verordnet Bettruhe (S. 127 f.). Wenig später erscheint der Vater in der Küche und gesteht der Mutter, dass er aus Sparsamkeit die Prämie der Versicherung nicht gezahlt hat und der Versicherungsschutz noch gar nicht in Kraft getreten ist. Der Vater bricht erneut zusammen und wird vom Rettungsdienst ins Krankenhaus gebracht, wohin ihn die Mutter begleitet. Herr Rudolph bleibt beim Ich-Erzähler, der sich in der Gegenwart des Revierpolizisten wohlfühlt (S. 129).

Der Tod des Vaters

Am nächsten Morgen erfährt der Ich-Erzähler, dass der Vater zwei Herzinfarkte erlitten hat und auf der Intensivstation liegt. Am Abend verschlechtert sich der Zustand des Vaters, in der Nacht verstirbt er

■ Tod des
Vaters

(S. 131 f.). Herr Rudolph gibt dem Ich-Erzähler, der allein zu Hause bleibt, eine Bibel, in der dieser nach Textstellen über den Tod sucht. Am nächsten Morgen trifft der Sohn die Mutter, die in Tränen aufgelöst und ganz in Schwarz gekleidet ist; ihre Umarmung ruft bei ihm ebenso Verlegenheit hervor wie ihre schwarze Kleidung (S. 133). Es kommen zahlreiche Nachbarn, um ihr Beileid zu bekunden und der Mutter zu helfen. Die schwarze Trauerbinde, die der Ich-Erzähler tragen muss, empfindet er als Makel und schämt sich für sie vor seinen Schulkameraden.

In der Kapelle sehen sich Mutter und Sohn den toten Vater noch einmal an. Während die Mutter den Toten herzt und küsst, scheint es dem Ich-Erzähler, als würde der Vater unter dem Leichentuch noch atmen. Zur Beerdigung am nächsten Tag fahren sie mit dem »frisch polierten Admiral, der nun ein böse grinsender Totenwagen war« (S. 137). ▪ In der Kapelle

Nach der Beerdigung führt die Mutter die Geschäfte weiter und ist dabei so streng wie der Vater. Abseits der Arbeit verfällt sie jedoch in tiefe Traurigkeit. Der Ich-Erzähler empfindet zunehmend Wut auf die Mutter, die ihren Sohn zwar gerührt anblickt, in ihm aber nur ihren Mann oder den verlorenen Arnold zu sehen scheint: »Ich genügte ihr nicht. Ich war nur das, was sie nicht hatte« (S. 140). ▪ Mutter übernimmt die Geschäfte

In der folgenden Zeit entwickelt sich der Ich-Erzähler zu einem »schwierigen Jungen« (S. 140): Er verhält sich undankbar und setzt der Mutter zu. Herr Rudolph, der sich um Mutter und Sohn kümmert, be- ▪ Herrn Rudolphs Unterstützung müht sich um Vermittlung zwischen beiden. Der Mutter hilft er bei Behördengängen und schenkt ihr Operettenplatten (S. 141). Obwohl Herr Rudolph nun häufiger zu Gast ist, beobachtet der Ich-Erzähler keine Intimitäten zwischen ihm und der Mutter (S. 141). Von der Mutter erfährt der Ich-Erzähler, dass Herr Rudolph sie bei der weiteren Suche nach Arnold unterstützen wolle. Von seiner Dienststelle aus setzt sich Herr Rudolph dafür ein, dass die noch ausstehenden Ergebnisse der Heidelberger Kopf- und Körperbauuntersuchung eintreffen und liest der Mutter das komplizierte Gutachten vor.

■ Gutachten

Die Mutter wirkt jedoch, als wäre sie an dem Schreiben nur wenig interessiert (S. 144 f.). Laut Gutachten ist es »mäßig unwahrscheinlich bis sehr unwahrscheinlich« (S. 152), dass das Findelkind mit den Eltern verwandt ist. Die Mutter schöpft trotz des eigentlich unmissverständlichen Ergebnisses Hoffnung, da erst ein »biomathematische[s] Zusatzgutachten« (S. 153) einen letztlich abschließenden Befund erlaubt. Gleich am nächsten Tag fordert Herr Rudolph das Zusatzgutachten an, das wenige Tage später eintrifft.

■ Biomathematische Berechnungen

Der Ich-Erzähler ist darüber irritiert, dass er in dem abschließenden Gutachten gar keine Rolle mehr spielt und betrachtet Arnold deshalb als »Wichtigtuer« (S. 154). Das Ergebnis des Gutachtens bestätigt, wovon der Ich-Erzähler bereits vorher überzeugt war: »Mit einer an Sicherheit grenzenden mindestens 99,73 % oder 370 : 1 betragenden Wahrscheinlichkeit sind die Antragsteller nicht die Eltern des Findelkindes 2307« (S. 156). Die Mutter will sich mit dem Ergebnis nicht abfinden: »Ich lasse mir mein Kind nicht noch einmal wegnehmen« (S. 157). Herr Rudolph weist die Mutter nun erstmals in strengem Ton daraufhin, dass sie die »Realität akzeptieren« (S. 158) müsse und keinen rechtlichen Anspruch auf weitere Untersuchungen habe.

Daraufhin verfällt die Mutter in ein Zittern, das ihren gesamten Körper ergreift. Sie beruhigt sich erst, als Herr Rudolph sie fest umarmt. Einige Tage später teilt Herr Rudolph dem Ich-Erzähler in einem Gespräch mit, die Mutter glaube nach wie vor, dass es sich beim Findelkind um Arnold handelt. Deshalb möchte sie es adoptieren (S. 162).

■ Schock-reaktion der Mutter

Heinrich/Adoptionspläne

Um die Mutter zu unterstützen, hat Herr Rudolph beim Jugendamt Erkundigungen eingeholt und erfahren, dass für das Findelkind bereits seit Jahren ein Adoptionsantrag einer anderen Familie läuft. Dem Antrag konnte jedoch noch nicht stattgegeben werden, da die Abstammungsfrage nicht geklärt ist. Schon vor der Mutter und dem Vater hatten sich weitere vermeintliche Eltern gemeldet und es war ebenfalls zu negativen Gutachten gekommen. Aufgrund der langwierigen Untersuchungen ist das Findelkind nun bald volljährig (S. 166). Der Ich-Erzähler ist gekränkt, dass die Mutter mit ihm nicht über ihre Adoptionspläne spricht.

■ Adoptions-pläne

Herr Rudolph konnte in Erfahrung bringen, dass das Findelkind nun Heinrich heißt und in einer nahegelegenen Stadt eine Fleischerlehre absolviert. Er möchte der Mutter den Wunsch erfüllen, Arnold ein einziges Mal zu sehen. Einige Tage später fährt Herr Rudolph die Mutter und den Ich-Erzähler in die Stadt, in der Heinrich lebt. Der Ich-Erzähler muss an die früheren Sonntagsausflüge denken, und als sich sein Gesicht zu dem »gleichen bösartigen Grinsen« (S. 170) wie damals verzieht, schreit Herr Rudolph ihn wütend an. Die Sympathie des Ich-Erzählers für Herrn Rudolph geht in diesem Moment verloren, und während eines Tankstopps erkundigt er sich bei der Mutter, ob sie den Revierpolizisten zu heiraten beabsichtige. Die Mutter verneint, gesteht aber ein, dass sie es eigentlich wolle. Nachdem sie die Stadt erreicht haben, parken sie abseits des Geschäfts und Herr Rudolph betritt die Fleischerei, um nachzusehen, ob Heinrich da ist (S. 173). Die Mutter scheut sich nun davor, Heinrich zu begegnen. Herr Rudolph fährt das Auto deshalb vor das Geschäft, so dass sie Heinrich zumindest durch das Schaufenster betrachten kann.

Als der Ich-Erzähler Heinrich durch das Schaufenster sieht, ist er aufgrund dessen großer Ähnlichkeit erschrocken und meint, sein »älteres Spiegelbild« (S. 174) zu erblicken. Die Mutter und Herr Rudolph scheinen dies nicht zu bemerken. Bevor der Ich-Erzähler die Mutter darauf ansprechen kann, gibt sie die Anweisung: »Mach das Fenster zu. Wir fahren« (S. 175).

3. Figuren

Die in *Der Verlorene* auftretenden Figuren lassen sich in unterschiedliche Gruppen einteilen. Einerseits ist eine Gruppierung in Haupt- und Nebenfiguren möglich. Zu den Hauptfiguren sind der Ich-Erzähler, die Mutter, der Vater und der verlorene Bruder Arnold (später das Findelkind 2307 / Heinrich) zu zählen. Auch der Revierpolizist Herr Rudolph könnte unter Umständen der Gruppe der Hauptfiguren zugeordnet werden, da er vor allem im letzten Drittel des Textes wichtig wird. Mit Blick auf seine vergleichsweise geringe Präsenz im Gesamttext wird er im Folgenden aber als Nebenfigur behandelt. Zu den weiteren Nebenfiguren gehören Tante Hilde, Professor Liebstedt und seine Laborantin sowie der Leichenwagenfahrer. Im Text werden weitere Figuren genannt, z. B. Professor Dr. med. Friedrich Keller, der Fotograf, Gäste im Haus der Eltern, ein Kriminalbeamter oder Spielkameraden des Ich-Erzählers, denen für die Handlung aber keine wesentliche Bedeutung zukommt. Die »Russen« (S. 15), die den Fluchttreck der Eltern stoppen, werden nicht näher beschrieben, sind für die Erzählhandlung aber von Belang.

    Andererseits können die Figuren danach unterschieden werden, ob sie zur Familie des Ich-Erzählers gehören oder nicht. Der Bruder, das Findelkind 2307 (Heinrich), nimmt in dieser Hinsicht eine Zwischenstellung ein. Bis zuletzt ist nicht klar, ob er tatsächlich zur Familie des Ich-Erzählers gehört. Schließlich kön-

■ Haupt- und Neben-figuren

nen die Figuren danach geordnet werden, welchem Handlungsort sie zugehören (Heimatstadt des Ich-Erzählers, Heidelberg, Heinrichs Arbeitsort).

Hauptfiguren

Der Ich-Erzähler: Der Ich-Erzähler, aus dessen rückblickender Sicht die Geschehnisse in *Der Verlorene* durchgehend geschildert werden, wächst im Haus seiner Eltern in einer Stadt in Ostwestfalen auf. Man erlebt ihn meist allein oder mit Mitgliedern der Familie. Über Aktivitäten außerhalb des häuslichen Umfeldes, Freundschaften oder schulische Aktivitäten erfährt man kaum etwas.

■ Namenloser Erzähler

Im gesamten Text bleibt der Ich-Erzähler namenlos. Niemand nennt ihn beim Namen und auch er selbst gibt diesen wichtigen Teil seiner Identität nicht preis. Damit steht der Ich-Erzähler von Beginn an in einem starken Kontrast zum erst tot geglaubten und dann vermissten Bruder. Dieser trägt nämlich nicht nur den Namen des Vaters, Arnold, was als Zeichen einer engen familiären Bindung zu verstehen ist. Sein Name wird außerdem bereits auf der ersten Seite des Textes fünfmal genannt (S. 7) und auch im Weiteren häufig wiederholt.

■ Alter des Ich-Erzählers

Das Alter des Ich-Erzählers[2] wird nirgends explizit

2 Zum genauen Alter des Ich-Erzählers sowie zur erzählten Zeit des Textes finden sich in der Sekundärliteratur unterschiedliche Angaben. Rüdiger Bernhardt weist in seinem Erläuterungsband auf Aussagen des Autors Treichel hin, der

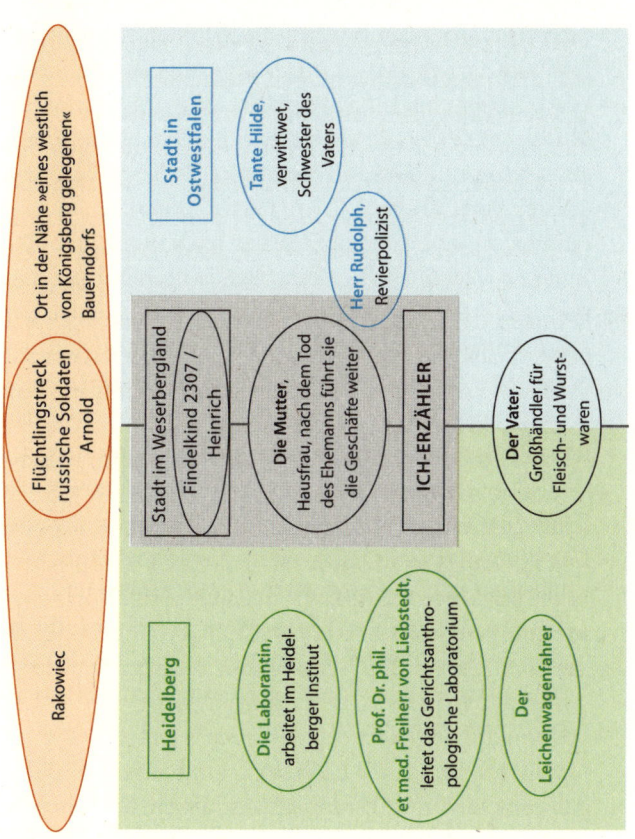

Abb. 1: Übersichtsgrafik Figuren und Handlungsorte

angeführt. Aus den im Text enthaltenen Informationen lässt es sich jedoch ungefähr ermitteln: Auf dem Foto, das »im letzten Kriegsjahr« (S. 7) aufgenommen wurde, ist der Bruder Arnold ca. ein Jahr alt, seit dem 20. Januar 1945 gilt er als vermisst. Da Arnold nur um »einige Jahre älter[ ]« (S. 174) als sein Bruder zu sein scheint, wurde der Ich-Erzähler nach dem Ende des Zweiten Weltkrieges, vermutlich zwischen 1945 und 1947, geboren. Als die Handlung mit dem Anblick des mutmaßlichen Bruders in der Fleischerei endet, dürfte der Ich-Erzähler zwischen 17 und 19 Jahre alt sein.

Seinen »wohlgeratene[n]« (S. 11) Bruder Arnold beschreibt der Ich-Erzähler als glücklichen und »bedeutende[n]« Menschen (S. 9), über die eigene äußere Erscheinung urteilt er hingegen kritisch:

■ Äußere Erscheinung

> »Ich war ein zu dick geratener pubertierender Knabe [...]. Die meisten Menschen übersahen mich, und die, die mich nicht übersahen, rieten mir, zum Friseur zu gehen, weniger zu essen und mehr Sport zu treiben.« (S. 139)

Obwohl der Ich-Erzähler als Einzelkind aufwächst, bleibt seine Entwicklung im gesamten Text eng mit dem Schicksal des Bruders Arnold verknüpft. Immer wieder betrachtet er gemeinsam mit der Mutter das »ziemlich große« Foto des Bruders, das einen Platz

sein eigenes als das Geburtsjahr des Erzählers angibt: 1952 (R. B., *Hans-Ulrich Treichel. Der Verlorene*, Hollfeld 2018, S. 62, Fußnote 48).

»ganz vorn im Photoalbum, noch vor den Hochzeits-
bildern der Eltern« (S. 7) hatte.

Der Ich-Erzähler ist demgegenüber nur auf »winzige[n] Photos« (S. 8) dokumentiert. Der vergleichsweise wenig beachtete Ich-Erzähler beneidet den Bruder
um die rührende Aufmerksamkeit der Mutter. An-
fänglich denkt der Erzähler nicht darüber nach, was
aus seinem Bruder geworden ist. Als er erfährt, dass
Arnold auf der Flucht verhungert sei, ist der Erzähler,
den auch egoistische Motive antreiben, nicht unglück-
lich. Er muss die Privilegien eines Einzelkindes nicht
aufgeben. Zugleich wird er mit dem Schweigen der
Mutter konfrontiert, das typisch für die Kommunikation innerhalb der Familie ist:

> »Auf meine Frage, ob denn niemand außer ihr Milch
> für das Kind gehabt habe, sagte die Mutter nichts,
> und auch alle meine anderen Fragen nach den nähe-
> ren Umständen der Flucht und dem Verhungern
> meines Bruders Arnold beantwortete sie nicht.«
> (S. 11)

Antworten werden dem Ich-Erzähler verwehrt. Ihm
bleibt stets nur die Position des Reagierenden in einem schrittweisen Prozess der Wahrheitsfindung
über das tatsächliche Schicksal seines Bruders. In diesem Prozess fragt der Ich-Erzähler auch immer wieder
nach der eigenen Identität.

Über die Umstände der Flucht der Eltern wie auch
über das Schicksal des Bruders hört der Ich-Erzähler

■ Winzige
Fotos

■ Keine Ant-
worten

stets ähnliche Geschichten. Doch vieles erscheint ihm in diesem Zusammenhang fraglich oder vage. Deshalb denkt er intensiv etwa über das Verhalten der Eltern oder die Bedeutung der Familienfotos nach. Der Verbleib des Bruders und das Schweigen der Eltern werden für den Ich-Erzähler zu einem Rätsel, das er mit zunehmender Scharfsicht zu lösen versucht. Da die Eltern mit ihrem jüngsten Sohn nur wenig kommunizieren, fördern sie unfreiwillig seine Beobachtungsgabe und sein Reflexionsvermögen. So hört er anfangs z. B. aufmerksam den Gesprächen des Vaters mit seiner Kundschaft zu und macht sich ein Bild vom Berufsstand der Lebensmittelhändler. Während eines Mittagessens in Heidelberg untersucht er das Erscheinungsbild eines Leichenwagenfahrers auf Anzeichen des Todes und bemüht sich schließlich, die Ergebnisse der komplizierten wissenschaftlichen Gutachten nachzuvollziehen. Dementsprechend nehmen die gedanklichen Vorgänge des Ich-Erzählers im Text viel Raum ein.

Beobachtungsgabe

Der Prozess der Wahrheitsfindung gewinnt erstmals an irritierender Dynamik, als die Mutter den Ich-Erzähler um eine »Aussprache« (S. 12) bittet. An der Verwunderung des Erzählers über diese Bitte ist wiederum zu erkennen, wie reduziert die Kommunikation zwischen Eltern und Sohn bisher verlief:

Aussprache mit der Mutter

»Dem Vater reichten kurze Befehle und Arbeitsanweisungen, um sich mit mir zu verständigen, und die Mutter redete wohl gelegentlich mit mir, doch meist lief das Gespräch auf den Bruder Arnold und damit auf Tränen oder Schweigen hinaus.« (S. 12)

Als der Ich-Erzähler erfährt, dass Arnold nicht tot, sondern auf der Flucht verlorengegangen ist, nimmt er den Bruder zunehmend als Bedrohung seiner ohnehin schon schwachen Stellung im familiären Gefüge wahr. Vor allem erkennt er in ihm aber die Ursache für das »Gefühl von Schuld und Scham in der Familie« (S. 17), das sein Aufwachsen fortwährend begleitet und dessen Ursprung er sich bisher nicht erklären konnte.

Scham und Schuld sind Schlüsselbegriffe der Erzählung. Der Ich-Erzähler empfindet Schuld und Scham in ganz unterschiedlichen Situationen: Vor allem während der sonntäglichen Ausflüge in den immer neuen Limousinen des Vaters, die er als wahre »Schuld- und Schamprozessionen« (S. 19) beschreibt, wird er von starker Übelkeit geplagt und muss sich übergeben (S. 21 f.). Seine persönliche »Reisekrankheit« (S. 21) verschlimmert sich, je größer und teurer die Autos des Vaters werden. Und auch beim gemeinsamen Fernsehen mit der Mutter empfindet der Ich-Erzähler Scham, vor allem, wenn intime Szenen gezeigt werden. Scham verspürt aber nicht nur der Ich-Erzähler; auch die Mutter kann ihr permanentes Scham- und Schuldempfinden nicht verbergen, was zu einem distanzierten Verhältnis zum Sohn führt. Die gelegentlichen Gefühlsausbrüche der Mutter kann der Ich-Erzähler zunehmend schwerer ertragen.

■ Scham und Schuld

Schließlich führen diese problematischen Interaktionen mit der Mutter dazu, dass der Ich-Erzähler in eine Situation gerät, in der es ihm unmöglich erscheint, Emotionen und Empathie Ausdruck zu verleihen. Zwar empfindet er Mitleid mit der Mutter, die unter dem Verlust des älteren Sohnes stark leidet. Es gelingt ihm aber nicht, Trost zu spenden oder Nähe herzustellen. Nachdem der Ich-Erzähler erfährt, dass Arnold auf der Flucht verlorenging und der Mutter von den »Russen« etwas »Schreckliches« (S. 16) zugefügt wurde, wird seine weitere Entwicklung im Wesentlichen von Fragen um Arnolds Existenz, von der anwachsenden Traurigkeit der Mutter sowie vom wirtschaftlichen Aufstieg des Vaters bestimmt.

Zum Vater hat der Ich-Erzähler ein distanziertes Verhältnis. Selbst ein kleines Vergnügen wie das Fernsehen scheint der Vater dem Sohn nicht zu gönnen und erteilt ihm sogleich verschiedenste Aufgaben (S. 26 f.). Den Aufstiegsinteressen des Vaters fällt auch das »Kindheitslabyrinth« (S. 46) des Ich-Erzählers zum Opfer. Durch den großangelegten Umbau des Elternhauses bleibt von den »langen Korridoren [und] tiefen Wandschränken« (S. 46), die der Ich-Erzähler in seiner Kindheit mit Vergnügen durchstreifte, nichts erhalten. Die kindliche Freude des Ich-Erzählers am märchenhaften »Zauberwald« (S. 46), den der Dachboden für ihn darstellte, wird vom Vater durch die Umbaumaßnahmen gleichsam »entkernt« (S. 47).

Weitere Unterschiede zwischen Vater und Ich-Erzähler vergrößern die emotionale Distanz: Die Bruta-

Verhältnis zur Mutter

Verhältnis zum Vater

Emotionale Distanz

lität, die mit dem Schlachten des Schweins verbunden ist, scheint den Vater nicht zu stören, während sie den Sohn anwidert. Und auch was die Frisur des Sohnes betrifft, liegen die Vorlieben des Vaters und des Ich-Erzählers weit auseinander: Schwebt dem Vater ein Schnitt auf »Frontsoldaten- beziehungsweise Lagerinsassenhaarlänge« (S. 68) vor, gibt es für den Sohn »nichts Schöneres, als langes Hinterkopfhaar zu tragen« (S. 67).

Während er dem Vater hilft, sich für die Vermessung der Füße im Heidelberger Labor zu entkleiden, erkennt der Ich-Erzähler, wie wenig vertraut er ihm eigentlich ist (S. 88 f.). Unübersehbar wird die Entfremdung, als der Ich-Erzähler bei der Beerdigung des Vaters keine Trauer empfinden kann und nur daran denkt, seine schwarze Armbinde abzustreifen.

Die Sehnsucht der Eltern nach dem verlorenen Arnold wird für den Ich-Erzähler zu einer in mehrfacher Hinsicht schmerzhaften Erfahrung. Die elterliche Bevorzugung des abwesenden Bruders ruft beim Ich-Erzähler psychisch schmerzliche Empfindungen wie Wut und Neid hervor. Als der Vater ihm berichtet, dass es sich beim Findelkind 2307 vermutlich um den verlorengegangenen Bruder handele, der ihm »wie aus dem Gesicht geschnitten« (S. 55) sei, übersetzt sich das sprachliche Bild auch in körperliches Leid: Den Ich-Erzähler durchzucken »Schmerzblitze« und sein Gesicht verzieht sich zu einem »krampfartige[n] Grinsen« (S. 56). Ein Arzt diagnostiziert später eine »Trigeminusneuralgie« (S. 57).

■ Schmerzhafte Abwesenheit

39

**■ Untersu-
chungen**

Die beginnenden Untersuchungen zur Feststellung der Verwandtschaft mit dem Findelkind 2307 erlebt der Ich-Erzähler mit wachsender Irritation. Einerseits sind ihm die an ihm durchgeführten Prozeduren physisch unangenehm; andererseits führen die dauerhaften Vergleiche mit dem Findelkind 2307 dazu, dass der Erzähler sich selbst »immer unähnlicher« (S. 57 f.) wird: »Jeder Blick in den Spiegel irritierte mich. Ich sah nicht mich, sondern Arnold, der mir zunehmend unsympathischer wurde.« (S. 58)

**■ Zersplitterte
Identität**

Eine Zersplitterung seiner Identität verspürt der Ich-Erzähler schon beim Betrachten der »winzige[n] Photos« (S. 8) im Familienalbum, die jeweils immer nur Versatzstücke seines Körpers zeigen und sich nicht zu einem Ganzen zusammensetzen lassen. In den wissenschaftlichen Gutachten wird diese Fragmentierung der Identität des Erzählers fortgesetzt. Er wird dort auf einzelne Körperbaumerkmale reduziert und durch komplizierte Rechenoperationen zu den ebenfalls unpersönlichen Merkmalen der Eltern und des Findelkindes in Beziehung gesetzt. ›Familie‹ gerät so zu einer bloßen Relation von Prozentwerten. In der letzten wissenschaftlichen Stellungnahme, dem »biomathematischen Zusatzgutachten« (S. 154), verliert der Ich-Erzähler sogar die »Nebenrolle« (S. 17), die er bislang im Familienensemble spielte. »Jetzt, wo es darauf ankam, spielte ich ganz offensichtlich keine Rolle mehr.« (S. 154)

Die Zweifel an der eigenen Identität reichen so weit, dass er vermutet, nicht das leibliche Kind seiner Eltern zu sein. Mehrmals deutet sich im Text an, dass er ein »Russenkind« (S. 151) sein könnte, das aus einer Vergewaltigung der Mutter hervorgegangen ist. Der Ich-Erzähler ahnt dies auch, wenn er sich über sein Interesse an russischen Worten im Radio wundert:

■ »Russen-
kind?«

> »Obgleich ich kein Wort von dem verstand, was der Russe im Radio redete, lauschte ich begierig den fremden Lauten. Und je länger ich den Worten des Russen zuhörte, […] um so mehr […] bildete [ich] mir auch ein, daß die Worte des Russen irgend etwas mit mir und meiner Familie zu tun hatten.« (S. 25)

Für kurze Zeit fühlt sich der Ich-Erzähler in Herrn Rudolphs Gesellschaft wohl, der sich nach dem Tod des Vaters um die Mutter kümmert. Schließlich wiederholen sich aber die Erfahrungen der Entfremdung, die der Ich-Erzähler schon mit dem Vater machte: Als ihn auch Herr Rudolph wegen eines Gesichtskrampfes anschreit, verliert der Ich-Erzähler seine Sympathien für den Revierpolizisten schlagartig.

■ Bezugs-
person Herr
Rudolph

Als er von Herrn Rudolph erfährt, dass die Mutter die Adoption des Findelkindes plant, schlägt die Frustration des Ich-Erzählers in Wut um:

■ Wut

> »Ich war wütend auf die Mutter. Ich war auch wütend auf Arnold. Und ich bemerkte, daß ich auch wütend auf Herrn Rudolph war, und dies sowohl,

weil er die Mutter umarmt hatte, als auch, weil die Mutter ihn auf eine Weise umarmte, wie sie mich noch niemals umarmt hatte.« (S. 167)

Verhinderte Identitätsfindung

Umso überraschender erscheint es zunächst, dass der Ich-Erzähler die Mutter regelrecht »anflehen« (S. 175) möchte, am Ende der Handlung zum nun möglicherweise gefundenen Bruder Heinrich ins Geschäft zu gehen. In einem »nur um einige Jahre ältere[n] Spiegelbild« (S. 174) im Schaufenster einer Fleischerei glaubt der Ich-Erzähler seinen Bruder erkannt zu haben. Ob es sich tatsächlich um den verlorenen Bruder oder einen Moment der Identitätsfindung des Ich-Erzählers handelt, kann nicht abschließend entschieden werden. In jedem Fall entzieht sich die Mutter der Situation und lässt somit auch den Wunsch des Ich-Erzählers nach Erkenntnis und Selbstfindung unerfüllt. Die Identität des Ich-Erzählers bleibt damit ebenso ›verloren‹ wie der ›verlorene Sohn‹ Arnold/Heinrich.

Die Eltern: Da die Eltern des Ich-Erzählers, von denen im Text nur der Name des Vaters genannt wird, in ihren Verhaltensweisen einige Ähnlichkeiten aufweisen, können sie zunächst im Zusammenhang beschrieben werden.

Rakowiec

Die Eltern, beide einerseits »schwäbisch-pietistische[r] und andererseits ostpreußische[r]« (S. 19) Herkunft, verlassen am Ende des Zweiten Weltkriegs das polnische Rakowiec. Der Vater betrieb dort einen Bauernhof, und auch der erste Sohn Arnold kam dort zur Welt. Sie schließen sich einem Flüchtlingstreck an, der am 20. Januar 1945 von russischen Soldaten gestoppt wird. Bevor die Mutter vermutlich vergewaltigt wird, legt sie Arnold einer fremden Frau in die Arme. Seitdem gilt der Sohn als vermisst. Das Trauma, das die Eltern durch den Verlust des ältesten Sohnes und die schrecklichen Ereignisse auf der Flucht erleiden, hinterlässt tiefe Spuren.

Nachdem sich der Vater in einer ostwestfälischen Stadt eine neue berufliche Existenz aufgebaut hat, erleben die Eltern den für die Bundesrepublik der 1950er Jahre typischen wirtschaftlichen Aufschwung. Doch weder das Wirtschaftswunder noch der jüngste Sohn können die familiäre Leerstelle des verlorengegangenen Arnold füllen. Die Mutter unterstützt den Vater bei seinem beruflichen Aufstieg, das eheliche Leben ist aber größtenteils von Schweigen geprägt. Wenn doch gesprochen wird, kreisen die Gespräche zumeist um den verlorenen Sohn.

■ Neue Existenz

Die Umstände des früheren Lebens in Rakowiec werden von den Eltern ebenso wenig angesprochen wie die Ereignisse, die zur Flucht geführt haben. Kommen Themen zur Sprache, die mit dem Krieg oder einer mit ihm verbundenen Schuld assoziiert werden können, wirken die Eltern teilnahmslos. Dies zeigt sich u. a. im Gespräch mit dem Fahrer eines Leichenwagens in der Heidelberger Institutskantine. Während der Fahrer von modernen Krematorien berichtet und somit auch an die Verbrechen des Holocaust erinnert, »fielen [dem Vater] sekundenlang die

■ Schweigen über die Vergangenheit

43

Augen zu, und die Mutter blickte wie so oft mit erschöpftem und zugleich ein wenig gehetztem Blick in eine entlegene Ferne« (S. 104).

Gemeinsame freudvolle Erlebnisse finden kaum statt: »[D]ie Eltern [waren] unfähig, Freizeit oder Erholung auch nur in Ansätzen zu genießen.« (S. 19) Die Ehe ist durch zwischenmenschliche Distanz gezeichnet.

■ Zur Erholung unfähig

Von Gesten der Zärtlichkeit zwischen den Eltern ist nur während der Episode in Heidelberg die Rede, als der Vater die Mutter beim Spaziergang umarmt und sie später beruhigt (S. 71, 118 f.). In einer zweiten Episode wirft sich die Mutter nach dem Tod des Vaters in der Kapelle über dessen Leichnam und »herzte und küßte« ihn (S. 134 f.).

■ Seltene Zärtlichkeiten

Die Mutter: Über das Leben der Mutter vor der Flucht aus Ostpreußen wird in *Der Verlorene* nichts erzählt. Ihre Biografie ist im Text eng mit der ihres Mannes verknüpft. Nicht nur durch den Verlust ihres Sohnes Arnold ist sie schwer traumatisiert, sondern auch durch das »Schreckliche« (S. 16 f.), das ihr an diesem Tag von den Russen zugefügt wird – mutmaßlich eine Vergewaltigung. Fortan ist das »Schreckliche« in den Berichten der Mutter stets präsent. Das Wort ›Vergewaltigung‹ wird jedoch an keiner Stelle ausgesprochen; es ist ein Tabu. Ein Grund für dieses gleichzeitige Sprechen und Verschweigen liegt in den soziokulturellen Umständen der 1950er Jahre, die ein offenes Reden über sexuelle Gewalt

■ Traumatisierung und Tabu

behindern. Zudem fehlen innerhalb der Familie An-
sprechpartner für die Aufarbeitung der Geschehnisse.

Das »Schreckliche« markiert den Ursprung des per-
manenten Schuld- und Schamerlebens der Mutter.
Schuld empfindet sie, da sie glaubt, ihren Sohn »voreilig« (S. 16) weggegeben zu haben, Scham aufgrund des
»Schrecklichen«, das anschließend passiert ist. Ihr
Trauma überträgt die Mutter auch auf den Ich-Erzähler.

■ Ursprung von Schuld und Scham

Durch ihre Scham- und Schuldempfindungen
agiert die Mutter in der ersten Hälfte der Erzählung
sehr zurückhaltend. Gefühle zeigt sie hauptsächlich
dann, wenn sie Arnolds Foto im Familienalbum betrachtet (S. 7). Zuweilen kommt es aber auch zu emotionalen Überreaktionen: So drückt sie aus verzwei-
felter Mutterliebe den Ich-Erzähler manchmal so
stark an sich, dass es ihm unangenehm ist (S. 73). Bei
geselligen Anlässen, z. B. dem Schweinekopfessen, zu
dem auch Bekannte aus dem Osten eingeladen sind,
ist sie schweigsam und scheint noch Tage später für
die ausgelassene Stimmung »zu büße[n]« (S. 45).

■ Zurückhaltung

Nachdem die ersten Ergebnisse der wissenschaftlichen Untersuchungen zur Feststellung der Verwandtschaft mit dem Findelkind 2307 eintreffen und der Vater die Umbauten am Haus beginnt, erleidet die Mutter mehrfach Schwächeanfälle (S. 48, 80). Bei einem
Sturz zieht sie sich gar eine Schädelfraktur zu, von der
sie sich nur langsam erholt. In der Klinik hängt sie vor
allem ihren Gedanken an die Vergangenheit und Arnold nach. Erst als der Vater weitere Gutachten er-

■ Schwächeanfälle

■ Depressionen

streitet, verbessert sich ihre Stimmung. Die Untersuchungen in Heidelberg lässt die Mutter kommentarlos über sich ergehen. Vom Vater und später von Herrn Rudolph lässt sie sich die Gutachten vorlesen, ist aber nicht bereit, negative Befunde zu akzeptieren. Ihre schwindende Hoffnung versucht sie durch unwahrscheinliche Interpretationen der wissenschaftlichen Aussagen am Leben zu erhalten.

■ Äußerliche
Stärke

Nach außen zeigt die Mutter nach dem Tod des Vaters Stärke. Sie übernimmt die Geschäfte und tritt gegenüber den Angestellten ebenso streng auf wie zuvor ihr Mann. Außerhalb des Geschäfts überkommt sie jedoch immer wieder Traurigkeit. Zum Revierpolizisten Herrn Rudolph entwickelt sich eine vorsichtige Beziehung.

■ Beziehung
mit Herrn
Rudolph

Die Mutter geht hierbei aber auch durchaus mit Berechnung vor. Sie nutzt wiederholt die dienstlichen Befugnisse des Polizisten, um Begutachtungsverfahren zu beschleunigen oder weitere Informationen über Arnold zu erhalten. Auf die Frage ihres Sohnes, ob sie Herrn Rudolph heiraten wolle, teilt die Mutter mit, dass sie bereits einen Antrag erhalten habe, »aber sie werde nein sagen, obwohl sie ja sagen wolle« (S. 171).

■ Unfähigkeit
zu persönlichem Glück

Warum die Mutter den Antrag ablehnen möchte, teilt sie nicht mit. Dem Teufelskreis aus Schuld und Scham, der die Erfahrung persönlichen Glücks schon so oft verhinderte, kann die Mutter auch an dieser Stelle nicht entfliehen. Wie sehr diese Empfindungen zum inneren Antrieb der Mutter bei der Suche nach dem verlorengegangenen Sohn geworden sind, wird am

Schluss des Textes deutlich (S. 173–175). Als das Findelkind, das die Mutter bis vor kurzem noch adoptieren
wollte, in einer nahegelegenen Kleinstadt ausfindig gemacht ist, wird der Mutter ihr eigener Wunsch fremd.
Plötzlich möchte sie das Findelkind nicht mehr sehen.

■ Ablehnung
des Findel-
kindes

Mehrere Erklärungen dieser Wendung bieten sich
an:

1. Die Schuld, welche die Mutter empfindet, weil sie
   ihren Sohn auf der Flucht an eine fremde Frau gegeben hat, hält sie davon ab, ihrem Sohn entgegenzu-
   treten. Sie befürchtet, dass sie bei Heinrich kein
   Verständnis findet und sich die Schuld- und Schamempfindungen fortan noch verschlimmern.
2. Die Mutter ist so sehr in der Spirale von Schuld und
   Scham gefangen, dass ihr die permanente Suche
   nach dem verlorenen Sohn das eigentliche Kind
   längst ersetzt hat. An die Stelle des Sohnes ist die
   Suche selbst getreten. Ob der Sohn tatsächlich einmal gefunden wird, wäre dann unerheblich.
3. Die Mutter glaubt erkannt zu haben, dass es sich bei
   dem jungen Mann im Geschäft nicht um ihren Sohn
   handelt, und möchte ihm deshalb nicht gegenüber-
   treten.

Der Text ist so angelegt, dass alle angeführten Deutungen möglich erscheinen.

Der Vater: Der Vater wuchs in einer bäuerlichen Umgebung auf. Den »Bauernhof seiner Eltern« (S. 42)

■ Bäuerliche
Herkunft

sollte er erben. Nach der Flucht arbeitet sich der Vater in Ostwestfalen zum erfolgreichen Großhändler von Fleisch- und Wurstwaren empor (S. 45).

Dass der Vater Soldat war, wird durch Fotografien bestätigt. Auf »den alten Photos [war er] [...] ein schlanker und junger Soldat« (S. 88). Wie er konkret in den Krieg involviert war und welche möglicherweise traumatisierenden Erfahrungen er dort machte, ist im Text nicht zu erfahren. Die unterschiedlich geformten Füße (S. 89), die während der Vermessung im Heidelberger Labor zur Sprache kommen, lassen sich zumindest als Versehrung deuten, die der Vater im Krieg erlitten haben könnte. Auch die Frage, wie der Vater an seine ländlichen Güter in Ostpreußen kam, die er »zweimal« (S. 45) verlor, und inwiefern er dabei eventuell von Kriegsereignissen profitierte, bleibt im Text offen.

Sein beruflicher Aufstieg in Ostwestfalen wird maßgeblich vom Wirtschaftswunder der 1950er Jahre in der Bundesrepublik ermöglicht. Ihm ordnet der Vater alles andere unter: Sieben Tage in der Woche widmet er der Arbeit, reist zu seinen Kunden und überlässt Haus und Kind seiner Frau.

■ Wohl-
stands-
symbol
Auto

Der erreichte Wohlstand wird durch den Kauf des jeweils aktuellsten Automodells, umfangreiche Renovierungen und Erweiterungen des Wohnhauses sowie schließlich den Bau eines eigenen Kühlhauses dokumentiert. Vor allem die Autos, die dem Vater sowohl für Ausflüge mit der Familie als auch für Reisen zu den Kunden dienen, symbolisieren seinen wirtschaftlichen

Abb. 2: Opel Admiral, 1964–68

Aufstieg. Als er noch eine Leihbücherei betreibt, fährt er einen »Ford Buckeltaunus«, der einzige Wagen, der beim Ich-Erzähler keine Übelkeit hervorruft. Es folgen ein »Opel Olympia« und ein »Opel Kapitän«. Schließlich kauft der Vater einen »Opel Admiral«: »Mit dem Wagen beförderte er gewissermaßen sich selbst vom Kapitän zum Admiral, und er glaubte, auch die Familie damit auszeichnen zu können.« (S. 80)

Die Umbauten des Hauses haben für die Familie und den Vater selbst ebenfalls mehrfache Bedeutung. Als er das Wohnhaus umgestaltet, zerstört er zugleich das »Kindheitslabyrinth« (S. 46) des Sohnes und vergrößert damit die emotionale Distanz, die zwischen ihm und dem Ich-Erzähler besteht.

■ Umbau des Hauses

Der Bau des eigenen Kühlhauses bedeutet für den Vater den wichtigsten beruflichen Entwicklungs-

■ Bau des Kühlhauses

schritt. Bei den Nebengebäuden des Grundstücks, die für den Bau abgerissen werden müssen, handelt es sich in gewisser Weise auch um persönliche Erinnerungsorte, denn sie erinnern ihn »an seine bäuerliche Vergangenheit in Rakowiec« (S. 76). Jedem einzelnen Gegenstand scheint ein Stück Vergangenheit des Vaters anzuhaften. Im Umgang mit den Tauben zeigt sich »der ansonsten aufbrausende und zum Jähzorn neigende Mann« (S. 44) regelrecht fürsorglich. All dies wird vom Vater für den wirtschaftlichen Aufstieg bereitwillig geopfert.

Freude am Schlachten

Präsent bleibt seine bäuerliche Vergangenheit vor allem in der Vorliebe für das Schlachten, was u. a. dadurch zum Ausdruck kommt, dass der Vater dem regelmäßigen Schweinekopfessen eine besondere Bedeutung zumisst. Im Rahmen dieser »Festessen« (S. 42) kann er im Kreise von Bekannten aus der alten Heimat ausgelassen sein. Wie die Mutter scheint er dann aber durch exzessive Arbeit für die Ausschweifungen »büße[n]« (S. 45) zu müssen.

Distanz zum Ich-Erzähler

Die Vorlieben des Vaters markieren zugleich wesentliche Momente der Distanz zum Ich-Erzähler. Dieser zeigt sich von der Passion des Vaters für den Verzehr von Schweinehirn angewidert, empfindet den verordneten Haarschnitt als Tortur und fühlt sich durch die Arbeitsaufträge drangsaliert, die der Vater ihm erteilt, wenn er Fernsehen schaut. Dass der Vater in Betracht zieht, der jüngere Sohn sei durch eine Vergewaltigung der Mutter entstanden, ist nicht unwahrscheinlich.

Einen anderen Wesenszug zeigt der Vater bei der Untersuchung in Heidelberg. Professor »Dr. phil. et med. Freiherr von Liebstedt« (S. 83) begegnet der Vater ehrfürchtig. Der Professoren- und Adelstitel des Wissenschaftlers beeindrucken den sonst so resoluten Geschäftsmann, was darauf schließen lässt, dass er amtlichen Autoritäten grundsätzlich Respekt entgegenbringt. Der Vater kann sich erst entspannen, als er erfährt, dass er und der Professor aus derselben Region in Polen stammen. Im weiteren Gespräch gibt der Vater zu erkennen, dass er rassistischem Gedankengut gegenüber aufgeschlossen ist, da er den negativen Ausführungen des Professors über die »Polen« und »Russen« (S. 110) bereitwillig zustimmt.

■ Ehrfurcht vor Autoritäten

Über die unbefriedigenden Ergebnisse der Untersuchung regt sich der Vater derart auf, dass er auf der Rückreise aus Heidelberg Schmerzen in der Brust bekommt. Als er vom Einbruch in sein Kühlhaus erfährt, das er aus Sparsamkeit noch nicht versichert hat, erleidet er weitere Zusammenbrüche, die sich im Nachhinein als Herzinfarkte herausstellen. Welche Ereignisse schließlich den Tod des Vaters verursachen – die Erlebnisse in Heidelberg oder der Einbruch ins Kühlhaus –, ist nicht zu entscheiden. Es erscheint plausibel, sowohl seine durch den Einbruch zerstörte wirtschaftliche Existenz als Geschäftsmann als auch den scheinbar endgültigen Verlust des Sohnes gleichermaßen in Betracht zu ziehen.

■ Tobsuchtsanfall

Das Ableben des Vaters wird im Text durch mehrere Vorzeichen angekündigt. Zunächst stellt der Ich-

■ Vorzeichen des Todes

Erzähler fest, dass er noch keinen Lebensmittelhändler kennengelert hat, »der keine Probleme mit der Gesundheit hatte« (S. 35), insbesondere Herzprobleme seien verbreitet. Hiermit ist indirekt auch der Vater gemeint. Weitere Vorausdeutungen finden sich im Textabschnitt über die Heidelberg-Reise der Familie: Erst steuert der Vater zielstrebig auf das Gerichtspathologische Institut und nicht das Gerichtsanthropologische Labor zu, danach folgt die Begegnung mit dem Leichenwagenfahrer in der Institutskantine in Heidelberg. Der Mann, an dem der Ich-Erzähler zahlreiche Attribute des Todes erkennt, verabschiedet den Vater mit den Worten »Dann sollten Sie sich nicht verspäten« (S. 107). Dass der Vater am Ende der Reise verstirbt, lässt den Fahrer des Leichenwagens somit in gleich mehrfacher Weise als Todesbote erscheinen. Und schließlich erfüllen der Einbruch ins Kühlhaus und der darauf folgende Tod des Vaters in gewisser Hinsicht eine Prophezeiung, die er kurz vor der Heimreise aus Heidelberg selbst ausspricht: »Ein Bauer aus Rakowiec verläßt sein Haus nicht freiwillig. Wer sein Haus verläßt, der versündigt sich. […] Wer sein Haus verläßt, dem wird sein Haus geplündert und zerstört.« (S. 122)

Arnold / Findelkind 2307 / Heinrich: Der Bruder Arnold, von dem die Eltern glauben, dass er mit dem Findelkind 2307 identisch sei, ist bis auf die letzten Seiten der Erzählung nur als Fotografie oder Gesprächsthema präsent. Seine Existenz ist somit an

Medien – Fotos oder Sprache – gebunden. Dennoch ist er der Dreh- und Angelpunkt des Familiendiskurses. Das Foto im Familienalbum, das im letzten Kriegsjahr entstand, zeigt ihn als ca. einjähriges Kind. Geboren wurde er somit 1944 oder 1945 im polnischen Rakowiec. Auf der Flucht gibt ihn die Mutter in die Hände einer fremden Frau. ■ Rein mediale Präsenz Arnolds

Später macht der Suchdienst des Roten Kreuzes ein Findelkind ausfindig, das mit Arnold identisch sein könnte. Das Kind kam mit demselben Treck an, zu dem auch die Eltern gehörten, weist denselben »auffällig starken Haarwirbel« (S. 51) wie Arnold auf. Die Mutter drängt deshalb auf Untersuchungen, die die Verwandtschaft mit dem Findelkind bestätigen sollen. ■ Findelkind

Anfangs ist der jüngere Sohn lediglich neidisch auf die Aufmerksamkeit, die Arnold trotz seiner Abwesenheit von der Mutter erhält. Im weiteren Verlauf wird Arnold jedoch zur Bedrohung für den Ich-Erzähler, der den »untote[n]« (S. 17) Bruder als Ursache der vergifteten Familienatmosphäre erkennt und durch die andauernden Vergleiche mit dem Findelkind in eine Identitätskrise gerät. ■ Neidobjekt

Durch die Kommunikation, die die Familie und Herr Rudolph mit dem zuständigen Jugendamt führt, wird deutlich, welchem psychischen Druck auch das Findelkind durch die Untersuchungen ausgesetzt ist (S. 166). Schon seit Jahren liege ein Adoptionsantrag für das Findelkind vor, das nun Heinrich heißt und in einer nahegelegenen Stadt eine Fleischerlehre macht. ■ Belastung durch Untersuchungen

Erwünschte/verhinderte Adoption

Dem Antrag könne jedoch nicht stattgegeben werden, solange die Abstammung nicht festgestellt sei. Das Kind sei einer besonderen Belastung ausgesetzt gewesen, da sämtliche Untersuchungen nun bereits zum zweiten Mal durchgeführt worden wären. Denn schon vor den Eltern des Ich-Erzählers habe sich ein anderes Paar gemeldet und Untersuchungen beantragt, die aber zu enttäuschenden Ergebnissen geführt hätten.

Projektionsfläche

Der verlorene Sohn fungiert im Text vor allem als Projektionsfläche für die Wünsche, Sehnsüchte und Empfindungen der anderen Figuren. Für die Mutter und den Vater ist er Verlustobjekt sowie Ursprung von Schuld und Scham zugleich; der Ich-Erzähler sieht den Bruder als Objekt seines Neides und seiner Wut. Am Ende »verdreifacht« sich der verlorene Sohn »auf wunderbare Weise« (S. 171): »Arnold beziehungsweise Heinrich beziehungsweise das Findelkind 2307« (S. 169). Auch die Identität des verlorenen Bruders zerfällt somit in mehrere Teile.

Verdreifachung

Als der Ich-Erzähler, die Mutter und Herr Rudolph die nahegelegene Stadt im Weserbergland aufsuchen und durch ein Schaufenster in das Geschäft blicken, in dem Heinrich arbeitet, scheint der jüngere den älteren Bruder zu erkennen. Ob es sich hier nur um eine Spiegelung oder tatsächlich um ein Erkennen des verlorenen Bruders handelt, lässt sich nicht abschließend entscheiden. Zumindest der skeptische Blick des Polizisten Rudolph lässt Zweifel bestehen: »Doch Herr Rudolph sagte nichts. Er schaute mit zusammengekniffenen Augen und ge-

runzelter Stirn in den Laden und zeigte keine Reaktion.« (S. 174)

Nebenfiguren

Herr Rudolph: Herr Rudolph arbeitet als Revierpolizist in der Stadt, in der die Eltern und der Ich-Erzähler
leben. Er tritt erstmals als Begleitung eines Kriminal-
beamten in Erscheinung, der für eine der Untersuchungen die Fingerabdrücke der Familie nehmen soll
(S. 58).

Beschrieben wird er vom Ich-Erzähler als »so etwas
wie ein Freund der Familie«, der »den Eltern in allen ■ Freund der
polizeilichen Fragen Beistand leistete, wofür ihn der   Familie
Vater regelmäßig mit Wurst- und Fleischpaketen be-
lohnte« (S. 58). Schon vor dem Tod des Vaters deutet
sich das Interesse des Revierpolizisten an der Mutter
an. Nach den Herzinfarkten des Vaters kümmert er
sich um die Mutter und den Ich-Erzähler, zu dem er
zunächst eine positive Beziehung aufbaut. In vielerlei
Hinsicht ist Herr Rudolph zunächst als Kontrastfigur
zum verstorbenen Vater angelegt: Er führt Gespräche
mit dem Sohn (S. 129), schenkt der Mutter Operettenplatten (S. 141) und unterstützt sie in behördlichen
Angelegenheiten rund um die Suche nach Arnold. Als
ein Adoptionsantrag der Mutter für das Findelkind
2307 abgelehnt wird, reagiert er rational und fordert
die Mutter streng auf, der Realität nun endlich ins Auge zu blicken. Gleich darauf reagiert er aber wieder
fürsorglich und nimmt die Mutter, die am ganzen

Körper zittert, in den Arm. Einen Heiratsantrag, den er der Mutter macht, kündigt sie an abzulehnen.

Herr Rudolph verliert die Sympathie des Ich-Erzählers schlagartig, als er sich bei einem Gesichtskrampf des Jungen wie der verstorbene Vater verhält und wütend zu schreien beginnt:

Ähnlichkeit zum Vater

> »›Was gibt es da zu grinsen‹, sagte Herr Rudolph plötzlich und mit einer Strenge, die mich an den strengen Ton des Vaters erinnerte. Ich hörte augenblicklich auf zu grinsen und stellte mir vor, daß Herr Rudolph sich langsam in den Vater verwandelte. [...] Noch ehe ich mein Gesicht wieder in Ordnung bringen konnte, hörte ich schon die wütende Stimme von Herrn Rudolph, der mich im Innenspiegel beobachtet hatte. ›Schluß mit dem Gegrinse‹, schrie er plötzlich so laut, daß auch die Mutter erschrak [...]. Ich hörte auf zu grinsen und wußte nun, daß ich Herrn Rudolph nicht mehr mochte.« (S. 168–170)

Tante Hilde: Hilde ist die ältere Schwester des Vaters. Seit dem Krieg ist sie verwitwet und die einzige Person, die den Ich-Erzähler und seine Eltern regelmäßig zu Hause besucht.

Frömmigkeit

Hilde ist streng gläubig und führt stets die Wochenschrift »Unsere Kirche« (S. 28) mit sich, die sie an »ihre[m] angestammten Platz am Küchentisch« liest und über deren »Wochenlosung« (S. 29) sie intensiv nachdenkt. Um moralische Urteile ist Hilde nicht verlegen. So bezeichnet sie den Fernseher, den der Vater anschafft, als »Erfindung des Teufels« (S. 29) und erscheint dem Ich-Erzähler als »medienabstinenteste []« (S. 28) Person, die er je kennengelernt hat.

■ Medienabstinenz

Hildes Frömmigkeit bekommt jedoch Risse, denn das Fernsehprogramm erweckt einfach zu sehr ihr Interesse. Der Vater amüsiert sich darüber, dass der Fernseher seine Schwester in Versuchung führt. Demonstrativ setzt sich Hilde mit dem Rücken zum Fernseher, hört dem Programm aber zu und schaut dabei die Familie an. Der Ich-Erzähler fühlt sich dadurch nicht nur »angeschaut, sondern auch durchschaut« (S. 30).

Hildes religiös motivierte Bildabstinenz wirkt angesichts ihres heimlichen Interesses an der Fernsehunterhaltung scheinheilig. Ob sie sich mit dem Kummer der Eltern über den verlorenen Sohn auseinandersetzt oder Trost spendet, wird in der Erzählung nicht vermittelt. Im zweiten Teil der Erzählhandlung kommt Hilde nicht mehr vor.

■ Scheinheiligkeit

Professor Dr. phil. et med. Freiherr von Liebstedt: Liebstedt ist Professor für Anthropologie und Erbbiologie an der Universität Heidelberg und leitet das dortige Gerichtsanthropologische Laboratorium, wo sich der Ich-Erzähler und die Eltern untersuchen lassen. Die Ehrfurcht, die der Professor aufgrund seiner Titel vor allem beim Vater hervorruft, wird durch seine äußerliche Erscheinung konterkariert:

»Er war ein eher kleiner und schmächtiger Mann, mit einem schmalen, langgestreckten Schädel, einem grauen Haarkranz und einer goldgefaßten Brille. Im Revers seines Arztkittels steckte eine silberne Anstecknadel mit einem V-förmigen Symbol, vielleicht war es auch ein U.« (S. 108)

Arroganz Tritt der Professor zunächst arrogant auf, wird sein Interesse geweckt, als er in den Akten liest, dass der Vater aus derselben Gegend stammt wie sein Großvater mütterlicherseits (S. 109). Seine Einstellung zum Verlauf und Ergebnis des Krieges bringt der Professor durch einen kurzen Nachsatz zum Ausdruck: Er berichtet, dass seine Familie in der polnischen Gegend ein »großes Gut besessen habe, daß dieses Gut aber wie alles andere auch verloren sei. Vorläufig jedenfalls«

Rassismus (S. 109). Den Kriegsausgang hat der Professor scheinbar noch nicht verwunden, was auch durch weitere rassistisch gefärbte Kommentare deutlich wird (S. 109 f.).

Im Rahmen der Untersuchung ist der Professor für die Vermessung des Kopfbereichs zuständig, die er mit großer Akribie bei jedem einzelnen Familienmitglied durchführt.

Die Faszination des Professors für die Techniken der Kopfvermessung erinnert sehr an die Praktiken natio-

Medizin im National-sozialismus nalsozialistischer Mediziner, die u. a. durch die Maße des Kopfes Unterschiede zwischen den »Rassen« feststellen wollten. Verstärkt wird diese Assoziation durch das Arbeitsumfeld des Professors, das beim genaueren Hinsehen von Verfall und Kriegsschäden geprägt ist:

»Außerdem entdeckte ich ein halbes Dutzend Löcher in der Decke, die wie kleine Krater aussahen und mich an Einschußlöcher erinnerten, obwohl ich noch niemals zuvor Einschußlöcher gesehen hatte. ›Das sind Einschußlöcher‹, sagte der Professor plötzlich [...]. ›Vom Krieg‹, ergänzte er [...].« (S. 114)

Die silberne Anstecknadel, die der Professor am Arztkittel trägt, kann als Zeichen der Zugehörigkeit zu einer Organisation oder als militärisches Abzeichen gedeutet werden.

Die Laborantin: Die Laborantin agiert ähnlich wortkarg und herablassend wie Professor Liebstedt. Sie fertigt am Heidelberger Institut die Fußabdrücke der Eltern und des Ich-Erzählers an und wertet diese aus. Außerdem nimmt sie weitere Vermessungen der Körper vor. Neben der Mutter ist die Laborantin die einzige Figur, mit der der Ich-Erzähler körperliche Nähe erlebt. Die entsprechende Szene im Untersuchungsraum ist hinsichtlich der Frage, wie der Ich-Erzähler die Untersuchung seines Körpers wahrnimmt, mehrdeutig. Man könnte die Schilderung der Untersuchung sowohl als Verletzung seiner Intimsphäre wie auch als erotisch konnotiertes Erlebnis verstehen:

»Ich begann aus Scham und Verlegenheit zu glühen und spürte, wie sich ein Schweißfilm auf der Brust bildete, der immer feuchter wurde, sich in der Mulde des Brustbeins sammelte, von wo er in dünnen Fäden den Bauch hinunterfloß und im Hosenbund versickerte. Als die Laborantin das Meßband von meinem Bauch entfernen wollte, klebte es aufgrund der Feuchtigkeit so fest, daß sie es mir wie ein Pflaster von der Haut ziehen mußte. Die Laborantin hielt das feuchte Meßband mit spitzen Fingern in die Höhe, um die Meßwerte abzulesen.« (S. 95)

Fahrer des Leichenwagens: Auf den Fahrer des Leichenwagens treffen die Eltern und der Ich-Erzähler erstmals kurz bevor sie das Gerichtsanthropologische Institut in Heidelberg betreten wollen (S. 87). Wenig später begegnen sie ihm erneut in der Institutskantine und setzen sich an seinen Tisch.

■ Redseligkeit

Ohne die Gegenrede seiner Tischnachbarn abzuwarten oder einzufordern, schwadroniert der Fahrer über mehrere Seiten der Erzählung. Dabei kommentiert er ausführlich die Qualität des Essens in verschiedenen Kantinen, streift die Machart von Totenhemden und landet schließlich bei der Funktionsweise von Krematorien. Seine Schilderungen lassen unmittelbar an die Verbrennungsöfen in den Konzentrationslagern der Nazizeit und die furchtbaren Verbrechen des Holocaust denken.

■ Groteskes Erzählen

Die beinahe kindliche Begeisterung des Fahrers für die moderne Leichenverbrennung und sein zuweilen ins Banale abschweifender Redeschwall machen ihn zu einer grotesken Figur.

»Die neuen Öfen seien allerdings phantastisch [...].
Der Direktor habe ihm [...] auch die Reste einer gerade verbrannten Leiche gezeigt. Wobei er einen
Aschenkasten unter einem der Öfen geöffnet und
aus der Asche ein paar übriggebliebene Men-
schenknöchelchen herausgenommen habe. Um
ihm zu demonstrieren, wie sauber, perfekt und hy-
gienisch seine Verbrennungsöfen arbeiteten, habe
der Direktor dann eines der Knöchelchen in den
Mund genommen und darauf herumgebissen und
ihn, den Leichenwagenfahrer, gefragt, ob er es auch
einmal versuchen wolle.« (S. 106)

Während die Eltern durch die Schilderungen des Fahrers immer mehr ermüden, beobachtet der Ich-Erzähler ihn aufmerksam, liefert eine eingehende Beschreibung seiner äußeren Erscheinung und erkennt an ihm
dabei zahlreiche Zeichen des Todes:

■ Todesbote

»Ich suchte den Tod im Leichenwagenfahrer – oder
wenigstens die Leiche. Der Tod hatte ein gerötetes
Gesicht und bräunliche Zähne mit einer Lücke im
Unterkiefer. Seine Haare waren streng nach hinten
gekämmt, ohne Scheitel, und standen leicht über
den Hemdkragen. Die Haare glänzten und waren
ganz offensichtlich mit einer Frisiercreme behandelt worden. Der Tod benutzte eine Frisiercreme.
[...] Außerdem hatte er auf der Wange einen großen
braunen Fleck, der mit einer rötlichen Kruste über-
zogen war. Ich bildete mir ein, daß es sich bei dem

Fleck um einen Altersfleck handelte. Manche nann-
ten diese Altersflecken auch Gruft- oder Grabflecken, und am deutlichsten konnte man sie auf den
Händen alter Menschen sehen. Auch der Vater hatte
schon einige dieser Grabflecken auf seinen Händen.
Aber er hatte noch keinen im Gesicht.« (S. 104)

In der Wahrnehmung des Ich-Erzählers wird der Leichenwagenfahrer zu einer Repräsentation des Todes.
Indem er auch am Vater Alters- bzw. »Gruftflecken«
entdeckt, wird dieser mit dem Leichenwagenfahrer –
und mit dem Tod – in ein semantisches Verhältnis gesetzt. Die Eltern verabschiedet der Fahrer mit den
Worten »Dann sollten Sie sich nicht verspäten«
(S. 107), so als wüsste er, dass eine Zeit abläuft.

Dass es sich hierbei auch um die dem Vater noch
verbleibende Lebenszeit handeln könnte, der nach der
Rückkehr aus Heidelberg stirbt, liegt nahe. Vor diesem Hintergrund lässt sich der Fahrer als Todesbote
oder mythischer Fährmann deuten, der den Beginn
der Reise ins Reich der Toten einleitet. Ein bekanntes
Vorbild für diese Figur ist der Fährmann Charon aus
der griechischen und römischen Mythologie, der die
Toten in seinem Boot gegen einen Obolus über einen
Fluss in die Unterwelt bringt. In Thomas Manns be-
rühmter Novelle *Der Tod in Venedig* (1911) kommen
unterschiedliche Varianten der Figur des Todesboten
vor, u. a. in Gestalt eines Gondolieres in Venedig.

4. Form und literarische Technik

Gattung

In den 1980er Jahren hat der französische Literaturwissenschaftler Gérard Genette den Begriff des ›Paratextes‹ in die wissenschaftliche Diskussion eingebracht. Mit diesem Begriff meint Genette alle Textteile, die zusammen mit einem literarischen Text auftreten können, dabei aber nicht eigentlich zum Text im engeren Sinn gehören. Zu den wichtigsten Formen der Paratexte zählen Angaben, die einen Text einer bestimmten Gattung zuweisen. Die Funktion solcher Textteile besteht u. a. darin, die Erwartungen der Lesenden zu steuern: Hat man z. B. ein Buch vor sich, das als Literatur oder doch eher als Sachtext gelesen werden soll?

■ Paratext

Treichels *Der Verlorene* stellt hinsichtlich möglicher gattungsanzeigender Paratexte einen Sonderfall dar. Denn auf dem Titelblatt des im Suhrkamp Verlag 1998 erstmals erschienenen Buches findet sich keine Angabe, die eine unmittelbare Gattungszuordnung erlaubt. Andere Texte des Autors sind, was ihre Gattungszugehörigkeit betrifft, eindeutig paratextuell markiert, z. B. *Menschenflug* (2005) und *Anatolin* (2008) als ›Roman‹ oder – etwas weniger eindeutig – *Heimatkunde oder Alles ist heiter und edel* (1996) als ›Besichtigungen‹ und *Tagesanbruch* (2016) als ›Erzählung‹. Schaut man sich in der Erstausgabe die dem Titelblatt von *Der Verlorene* gegenüberliegende Seite

■ *Der Verlorene* als Sonderfall

an, findet sich dann doch ein Gattungsbegriff, der eine genauere Einordnung des Textes ermöglicht. Verlagsseitig wird der Text dort folgendermaßen vorgestellt: »Hans-Ulrich Treichels Erzählung handelt von einer Familie, an deren Leben nichts außergewöhnlich scheint […]«[3].

In der Literaturkritik lassen sich weitere Bezeichnungen des Textes, etwa als ›Novelle‹, ›Roman‹ oder ›Prosaband‹, ausfindig machen. Der Literaturwissenschaftler Rüdiger Bernhardt schreibt, dass es »belanglos«[4] sei, ob es sich bei *Der Verlorene* um einen Roman, eine Novelle oder eine Erzählung handele, und schlägt stattdessen vor, den Text aufgrund des »teilweise dokumentarisch anmutenden Stil[s]« als »Bericht« zu bezeichnen. Am ausführlichsten begründet Jürgen Krätzer[5] seine Entscheidung, Treichels Text als Novelle zu klassifizieren.

■ Novelle, Roman, Bericht?

Das Nachdenken über die Gattungszugehörigkeit kann das Verstehen eines Textes vertiefen. Dies ist zweifellos auch bei *Der Verlorene* der Fall. Welche Gattungsbezeichnung Treichels Text am ehesten gerecht wird, soll hier nicht entschieden werden. Wenig kontrovers scheint jedenfalls eine Einordnung als ›Erzählung‹: *Der Verlorene* ist ein Prosatext mittlerer Länge, der mit einer überschaubaren Menge erzähle-

■ Erzählung

3 Hans-Ulrich Treichel, *Der Verlorene*, Frankfurt a. M. ¹³2016.
4 Bernhardt (s. Anm. 2), S. 51.
5 Siehe hierzu Jürgen Krätzer, »Kommentar«, in: H.-U. T., *Der Verlorene. Mit einem Kommentar von Jürgen Krätzer*. Frankfurt a. M.: Suhrkamp, ⁷2014, S. 146 f.

rischer Mittel operiert und auf einen Handlungsstrang konzentriert ist. Eine weitere Spezifizierung ist durch die Identifikation zentraler Themen denkbar. Da im Wesentlichen die Dynamik innerhalb einer Familie beschrieben wird, könnte *Der Verlorene* beispielsweise als Familien-Erzählung bezeichnet werden. Ebenso wäre es aber auch möglich, die Entwicklung der beiden heranwachsenden Brüder im Rahmen der erzählten Zeit des Textes zu akzentuieren und die Geschichte als Adoleszenz-Erzählung einzuordnen.

Textstruktur und Erzähltechnik

Der Verlorene weist keine Strukturierung in Kapitel auf. Der Text ist aber durch drei Leerzeilen in vier inhaltlich weitgehend geschlossene und unterschiedlich umfangreiche Erzählabschnitte gegliedert. Die einzelnen Abschnitte folgen inhaltlich im Wesentlichen der Chronologie der Suche nach Arnold. Die Leerzeilen setzen zugleich Zäsuren in der Erzählhandlung, denn sie markieren verschiedene Stufen des Erkenntnisprozesses des Ich-Erzählers.

> Gliederung durch Leerzeilen

Im ersten Erzählabschnitt (S. 7–12) werden die bis dahin gültige Version der Geschichte vom verlorenen Bruder Arnold, der Ich-Erzähler und die Eltern (v. a. die Mutter) sowie zentrale Themen (Flucht, die Rührseligkeit der Mutter, das innere Befinden des Ich-Erzählers) und Motive (v. a. die Fotografie als Erinnerungs- bzw. Präsenzmedium des verlorenen Bruders)

> Erzählabschnitte

eingeführt. Im zweiten Erzählabschnitt (S. 12–73) erfährt der Ich-Erzähler die irritierende »Wahrheit« (S. 12) über den Bruder; es werden Details über die Flucht der Eltern, das Abhandenkommen des Sohnes sowie die vermutliche Vergewaltigung der Mutter (das »Schreckliche[]«, S. 14) bekannt. Außerdem beginnen die Bemühungen, die Verwandtschaft mit dem Findelkind 2307 durch diverse Untersuchungen zu bestätigen. Parallel dazu wird vom wirtschaftlichen Aufstieg des Vaters berichtet. Der Abschnitt endet mit dem ersten negativen Untersuchungsergebnis, das auf die folgenden enttäuschenden Befunde bereits vorausdeutet. Der dritte Abschnitt (S. 73–138) schildert im Wesentlichen die Untersuchungen im Heidelberger Institut und endet mit dem Tod und der Beerdigung des Vaters. Im vierten Abschnitt (S. 138–175) steht die Feststellung, dass eine Verwandtschaft mit dem Findelkind höchst unwahrscheinlich ist, im Mittelpunkt. Es wird außerdem vom unerfüllten Adoptionswunsch der Mutter und der abschließenden Begegnung mit dem Findelkind berichtet.

Aus dieser Strukturierung des Textes lässt sich in Ansätzen eine ›Dramaturgie‹ der Suche nach dem verlorenen Sohn ableiten, die mit ausgewählten Begriffen aus der Tragödientheorie beschrieben werden kann. Dabei muss freilich bedacht werden, dass analytische Begrifflichkeiten nicht wahllos bzw. schematisch von einer literarischen Gattung auf eine andere übertragen werden sollten. Der Kritiker Gerhard Schulz erkennt jedoch ebenfalls das dramati-

■ Dramaturgie der Suche

sche Potenzial der Erzählung, die Stoff für »antike Tragödien oder Shakespearesche Verwechslungskomödien«[6] böte.

Vor allem im letzten Erzählabschnitt werden Anleihen im Bereich der Tragödie sinnfällig. Denn nachdem im Grunde zweifelsfrei festgestellt wurde, dass eine Verwandtschaft mit dem Findelkind ausgeschlossen ist, bildet der Adoptionswunsch der Mutter eine scheinbare Abwendung oder doch zumindest einen Aufschub, eine Retardierung, der nahenden Katastrophe: dass der wiedergefundene Sohn ein zweites Mal verlorengeht. Eine Adoption ist jedoch nicht möglich, da die Verwandtschaft nicht nachgewiesen werden konnte und deshalb ein bereits länger vorliegender Adoptionsantrag eines anderen Ehepaares genehmigt wurde. Die Katastrophe erlebt dann aber nicht die Mutter, sie entzieht sich der Begegnung mit Heinrich. Ob und wie sie ihren Wunsch nach der Rückgewinnung des Sohnes fortsetzt, bleibt offen. Stattdessen wird der Ich-Erzähler, der gerade seinen Bruder bzw. sich selbst im Schaufenster zu erkennen glaubt und einen langwierigen und schmerzhaften Prozess der Wahrheitsfindung zum Abschluss bringen könnte, von der Mutter aus der Situation geris

■ Anlehnung an die Tragödie

6 Gerhard Schulz, »Das dauerhafte Grinsen im Opel Admiral. Westfälischer Unfriede: Hans-Ulrich Treichels meisterhafte Erzählung *Der Verlorene*«, in: *Frankfurter Allgemeine Zeitung* (24. 3. 1998). Zitiert nach: www.faz.net/aktuell/feuilleton/ buecher/rezensionen/belletristik/rezension-belletristik-das-dauerhafte-grinsen-im-opel-admiral-11295271.html (Stand: 22. 1. 2020).

	Der Verlorene	Begriffe der Dramentheorie
S. 7–12	Einführung: Version der Geschichte vom verlorenen Bruder Arnold, wesentliche Themen und Motive	Exposition
S. 12–73	»Wahrheit« (S. 12) über den Bruder, Untersuchungen zur Verwandtschaft, erste negative Ergebnisse	ansteigende Handlung, Konfliktentwicklung
S. 73–138	Untersuchung in Heidelberg, Tod und Beerdigung des Vaters	Höhepunkt, Peripetie
S. 138–175	Feststellung: Verwandtschaft höchst unwahrscheinlich, nahende Katastrophe: der wiedergefunden geglaubte Sohn droht erneut verlorenzugehen, Adoptionswunsch (Retardierung der Handlung, vermeintliche Lösung), Begegnung mit dem Findelkind, Unterbrechung des Moments des Erkennens durch die Mutter	fallende Handlung, retardierendes Moment, Anagnorisis, Katastrophe

sen. In der Dramentheorie wird eine Szene, in der sich zwei Figuren plötzlich erkennen, als Anagnorisis bezeichnet. Ein solches Erkennen beschließt den Text. Dieser Moment des Erkennens kann hier unterschiedlich verstanden werden: der Ich-Erzähler kann

den Bruder aufgrund seiner Ähnlichkeit mit dem Bild
im Familienalbum wiedererkennen oder auch aufgrund einer aktuellen Ähnlichkeit. Es könnte sich
aber auch um ein abstraktes Erkennen im Sinne einer
Identitätsfindung des Ich-Erzählers handeln. Welche
weiteren Entwicklungen die Anagnorisis anstößt,
wird nicht mehr berichtet.

Ein weiterer interessanter struktureller Aspekt ist
die narrative Rahmung des Textes. Im ersten Erzähl- ■ **Narrativer**
abschnitt betrachtet der Ich-Erzähler die Fotografie **Rahmen**
des Bruders Arnold im Familienalbum und vergleicht
sich mit ihm. Am Ende der Erzählung wird diese Situation noch einmal wiederholt: An die Stelle des Fotos tritt nun das ebenfalls durch das Schaufenster ge-
rahmte »um einige Jahre ältere[] Spiegelbild« (S. 174).
Und wiederum setzt sich der Ich-Erzähler in Beziehung zu diesem Bild.

Einige geschlossene ›Kleinerzählungen‹ innerhalb ■ **Binnener-**
der einzelnen Erzählabschnitte, z. B. die Schilderung **zählungen**
des Abhandenkommens des Bruders durch die Mut-
ter, der Monolog des Leichenwagenfahrers oder der
erzählerische Rückblick des Professors Liebstedt, stellen eine lose Binnengliederung her.

Einen weiteren Gliederungsaspekt des Textes bil- ■ **Erzählte**
den die erzählten Räume bzw. Orte und Gebäude. **Räume**
Der wichtigste Raum der Erzählung ist das Elternhaus des Ich-Erzählers, in dem ein großer Teil der ge-
schilderten Ereignisse stattfindet.

Das Elternhaus ist für den Ich-Erzähler der wesent- ■ **Das Eltern-**
liche Raum der Sozialisation. Die »langen Korrido- **haus**

re[], tiefen Wandschränke[] und unerwarteten Treppenabsätze[]« erinnert er als »Kindheitslabyrinth« (S. 46), hier erlebt er Stunden, die zu seinen »schönsten Kindheitserinnerungen« (S. 23) gehören. Der vom Vater vorangetriebene Umbau des Hauses lässt das Refugium des Ich-Erzählers verschwinden.

Gedächtnissymbolik

Der erzählte Raum des Elternhauses symbolisiert ein Familiengedächtnis, zu dem der Ich-Erzähler nur schrittweise Zugang erlangt. Vor dem Umbau führt eine Falltür des Dachbodens in einen Raum dieses ›Erinnerungsspeichers‹, den der Ich-Erzähler noch nie betreten hat. Dort liegt etwas im »Halbdunkel« (S. 47), das erst noch aufzuklären ist – wie auch die Wahrheit über den verlorenen Bruder oder Informationen über die Vergangenheit des Vaters. Der Ich-Erzähler ist davon überzeugt, dass der Raum und somit das in ihm Verborgene noch immer existieren, »auch wenn er nun gänzlich unauffindbar und unbetretbar geworden war« (S. 48). Eine psychoanalytische Deutung des Hauses als symbolisches Gedächtnis liegt nahe. Weitere Räume, denen im Umfeld des Elternhauses erzählerische Bedeutung zukommt, sind die folgenden:

Bedeutungen der Räume

- **Die Nebengebäude des Elternhauses**, die für die Errichtung des Kühlhauses abgerissen werden müssen. Die Gebäude sind vor allem mit Erinnerungen des Vaters verbunden und vermitteln somit Informationen über seine Vergangenheit.
- **Das Fotogeschäft** in der Heimatstadt des Ich-Erzählers. Hier muss der Ich-Erzähler die Tortur der

Hinterkopffotografie über sich ergehen lassen, wodurch die spätere Kopfvermessung im Heidelberger Institut bereits vorweggenommen wird. Den Schaukasten des Geschäfts empfindet der Ich-Erzähler als »Pranger« (S. 65). Die auf den dort ausgestellten Fotos gezeigten Menschen sieht er »als Tote« (S. 65).

- **Das Kühlhaus** symbolisiert einerseits den wirtschaftlichen Aufstieg des Vaters als Großhändler; andererseits steht es auch für die kühl-distanzierten Beziehungen, die der Vater zu seiner Familie, v. a. zum Ich-Erzähler, unterhält. Folgerichtig ereignen sich in der Erzählung die wenigen Gesten der Zärtlichkeit zwischen den Eltern auch nicht in der Nähe des Kühlhauses, sondern beim Spaziergang in Heidelberg und nach dem Tod des Vaters in der Kapelle.

Einen zweiten größeren erzählten Raum stellt die Stadt Heidelberg dar, wo die entscheidenden Untersuchungen der Eltern und des Ich-Erzählers stattfinden. Auch Heidelberg als erzählter Raum lässt sich weiter differenzieren. Zu nennen sind hierbei das Laboratorium im Gerichtsanthropologischen Institut, das Büro Professor Liebstedts sowie die Kantine, in der das Gespräch mit dem Leichenwagenfahrer stattfindet. Die meisten Handlungsorte in Heidelberg sind mit Verweisen auf die Zeit des Nationalsozialismus verknüpft: Im Laboratorium finden sich Instrumente, die aus den Praktiken der nationalsozialistischen Me-

■ Heidelberg

dizin bekannt sind. Das Büro des Professors verweist durch die Einschusslöcher in der Decke auf Kriegshandlungen. Die Kantine ist der Ort, an dem der Leichenwagenfahrer über die Funktionsweise von Krematorien spricht und damit an die Vernichtungslager des Holocaust erinnert.

Neben den faktischen Handlungsorten in *Der Verlorene* gibt es außerdem Räume, die nur durch erzählerische Rückblenden präsent sind. Der wichtigste erinnerte Raum ist fraglos der Ort in der Nähe »eines westlich von Königsberg gelegene[n]« (S. 14) Bauerndorfs, wo den Eltern am 20. Januar 1945 auf einem »eben noch […] leere[n] Feld« (S. 15) russische Soldaten gegenüberstanden. Hier ging der älteste Sohn verloren, und hier fand vermutlich auch die Vergewaltigung der Mutter statt. Sowohl die Mutter als auch der Vater kommen dem Ich-Erzähler gegenüber auf diesen Ort zu sprechen und machen ihn auf diese Weise zu einem Raum der Erzählung. Ein weiterer erinnerter Raum ist Rakowiec, wo der Vater einen Bauernhof betrieb. In mehreren Erinnerungspassagen und im Gespräch mit Professor Liebstedt wird dieser Raum erzählerisch vergegenwärtigt.

Zeitlich umfasst die Erzählung die Erinnerungen des Ich-Erzählers, die von der Betrachtung des Familienalbums mit der Mutter bis zur Begegnung mit dem Findelkind reichen. Die einzige explizit genannte zeitliche Angabe ist das Datum, an dem der Bruder Arnold auf der Flucht verlorenging, der 20. Januar 1945. Weitere Informationen, die eine zeitliche Ein-

■ Erinne-rungsorte

■ Erzählte Zeit

ordnung des Erzählgeschehens ermöglichen, müssen aus der Handlung rekonstruiert werden.

Der früheste Zeitpunkt, der im weiteren Sinne zur Erzählhandlung gehört, ist die Geburt des ältesten Sohnes Arnold, die im Jahr 1943 stattgefunden haben muss. Am Ende der Erzählung ist das Findelkind Heinrich, bei dem es sich um Arnold handeln soll, »nun fast schon volljährig« (S. 166) geworden. Die Volljährigkeit erreichte man in der Bundesrepublik bis 1975 mit dem 21. Lebensjahr, so dass die Erzählhandlung im Jahr 1964 endet.

■ Zeitliche Einordnung

Bestätigen lässt sich diese Datierung auch anhand der Fahrzeugmodelle des Vaters. Im Jahr seines Todes kauft er einen neuen Opel »Admiral«. Die zweite Baureihe des Modells wurde ab Frühjahr 1964 ausgeliefert, so dass sich auch der Tod des Vaters, der sich nach dem Kauf ereignet, zeitlich festlegen lässt. Die im Text erzählte Zeit umfasst somit ungefähr 21 Jahre.

■ Autos als Zeitmarker

Die narrative Zeitgestaltung in *Der Verlorene* ist größtenteils durch zeitraffendes Erzählen geprägt. Von wenigen Textstellen abgesehen, z. B. dem Dialog mit Professor Liebstedt in Heidelberg, der indirekten Wiedergabe der Ausführungen des Leichenwagenfahrers sowie vorgetragenen Passagen der Gutachten, die annährend zeitdeckend angelegt sind, werden die Ereignisse vom Ich-Erzähler gerafft vermittelt. Auch zwischen den einzelnen Erzählabschnitten gibt es – mit Ausnahme des Übergangs vom zweiten in den dritten Erzählabschnitt (S. 73) – jeweils zeitliche Sprünge. Durchbrochen wird die weitgehend chro-

■ Zeitraffendes Erzählen

nologische Erzählung von mehreren Rückblenden, z. B. den Erinnerungen an den Verlust des Sohnes oder an die Heimat des Vaters.

Erzählt wird in *Der Verlorene* ausschließlich aus der Sicht des namenlos bleibenden jüngsten Sohns. Von einem nicht genau markierten zeitlichen Standpunkt aus, in jedem Fall aber aus seinem »Erwachsenenleben« (S. 37), blickt der Ich-Erzähler auf seine Kindheit und Jugend in Ostwestfalen zurück. Dabei vermittelt er ein ganzes Panorama von Erfahrungen, Beobachtungen und Reflexionen, deren Bezugspunkte der verlorene ältere Bruder und die damit verbundenen eigenen emotionalen Zustände sind.

■ Ich-Erzähler

Die Perspektiven des Ich-Erzählers variieren im Verlauf der Erzählung zwischen den Sichtweisen eines kindlich-naiven erlebenden Ichs und eines distanziert-analytischen (erwachsenen) erzählenden Ichs. Die kindliche Sicht des Ich-Erzählers kommt beispielsweise zum Ausdruck, wenn dieser sich unverhohlen darüber freut, sein Kinderzimmer nicht mit dem totgeglaubten Bruder teilen zu müssen oder er vor den Spielkameraden mit ihm angeben möchte (S. 11 f.). Es zeigt sich hier ein kindlicher Egoismus, der an einigen Stellen der Erzählung in Grausamkeit umschlägt:

■ Verschiedene Perspektiven des Erzählers

> »Wäre er doch auf der Flucht verhungert. Statt dessen mischte er sich in mein Leben ein. Und in mein Aussehen. Um ihn doch noch verhungern zu lassen, wünschte ich mir einen dritten Weltkrieg.« (S. 58)

Verglichen wurde diese naiv-kindliche Sichtweise in der Literaturkritik unter anderem mit der erzählerischen Anlage der Figur Oskar Matzerath aus dem modernen Schelmenroman *Die Blechtrommel* (1959) von Günter Grass (1927–2015): »Ohne Zweifel gehört dieser Erzähler in die von Oskar Matzerath angeführte Schar tückischer deutscher Literatursöhne.«[7] Stärker von einer erwachsenen Perspektive geprägt zeigt sich der Ich-Erzähler, wenn er auf die Erfahrungen von Schuld und Scham zu sprechen kommt: »Die Spaziergänge und die Ausflüge, die ich mit den Eltern unternahm, waren wahre Schuld- und Schamprozessionen« (S. 19). Hier spricht ein reflektierter Erzähler, der die Erlebnisse der Kindheit von einem gereiften Standpunkt aus bilanziert. Der besondere Ton der Erzählung entsteht nun einerseits dadurch, dass die beiden beschriebenen Perspektiven des Ich-Erzählers mehrfach wechseln. Anderseits werden beide Perspektive aber auch miteinander verschränkt, so dass kindliche Erfahrung und reflektierte Sichtweise passagenweise zusammenfließen und nicht zu trennen sind.

7 Ebd.

Wiederkehrende Themenkomplexe und Leitmotive

Der Verlorene weist mehrere Themenkomplexe auf, die durch ihr wiederholtes Vorkommen leitmotivische Funktion erhalten und so eine weitere Strukturebene der Erzählung darstellen.

Ein Leitmotiv findet sich bereits im Titel der Erzählung. *Der Verlorene* weist auf die schmerzhafte Leerstelle in der Familie des Ich-Erzählers hin. Dass es sich beim Verlorenen um den auf der Flucht abhandengekommenen Sohn Arnold handelt, ist eine naheliegende, jedoch nicht die einzige Bedeutung dieses Motivs im Text. Auch der Ich-Erzähler sieht sich im familiären Gefüge auf verlorenem Posten und der Vater verliert sich in seinem Streben nach wirtschaftlichem Gewinn. Beide Figuren könnten deshalb als ›Verlorene‹ gedeutet werden. Verloren in ihrer Traurigkeit fühlt sich ebenfalls die Mutter. Der Verlorene kann auch als Metapher für Gedanken an die verlorene Heimat im Osten oder als »Allegorie der Nachgeschichte des Nationalsozialismus«[8] begriffen werden. Weiterhin angereichert wird das Motiv des Verlorenen durch seinen Bezug zum biblischen Gleichnis vom verlorenen Sohn.

■ Der Verlorene

8 Amir Eshel, »Die Grammatik des Verlusts: Verlorene Kinder, verlorene Zeit in Barbara Honigmanns *Soharas Reise* und in Hans-Ulrich Treichels *Der Verlorene*«, in: *Deutsch-jüdische Literatur der neunziger Jahre. Die Generation nach der Shoah*, hrsg. von Sander Gilman und Hartmut Steinecke, Berlin 2002, S. 59–74.

Ebenso wichtig in der Erzählung ist das wiederholte Auftreten von Fotografien. Gleich zu Beginn spielt die Betrachtung der Fotografie des Bruders Arnold eine wichtige Rolle. Der Bruder kommt hier an zentraler Stelle in Ganzheit zur Anschauung, während der Ich-Erzähler in zahlreiche »winzige« (S. 8) Fotos fragmentiert scheint. Im weiteren Verlauf werden die Fotografien der Brüder um ein weiteres Lichtbild des Findelkindes ergänzt, das sich die Eltern beim Suchdienst des Roten Kreuzes ansehen. Der Ich-Erzähler muss sich außerdem im Fotogeschäft umständlich fotografieren lassen und betrachtet die Familienfotografien im Ausstellungskasten des Geschäfts mit Widerwillen.

■ Fotografien

Eine besondere Bedeutung kommt außerdem den verschiedenen Untersuchungen zu, denen sich die Eltern und der Ich-Erzähler unterziehen müssen, um eine Verwandtschaft mit dem Findelkind bestätigen zu können. Bereits im Wort ›Untersuchung‹ enthalten ist auch die ›Suche‹. Die Suche nach etwas ist für die Hauptfiguren der Erzählung der zentrale Antrieb. Gesucht wird nach dem verlorenen Bruder, nach Antworten auf Fragen, welche die Vergangenheit betreffen, nach wirtschaftlichem Aufstieg, Möglichkeiten des Zusammenlebens, wissenschaftlicher Erkenntnis und schließlich auch nach der eigenen Identität.

■ Untersuchungen/ Suche

Mehrmals thematisiert werden schließlich das gemeinsame Essen und das Schlachten von Tieren, z. B. im Rahmen des Schweinekopfessens. Motivisch-symbolischen Charakter haben außerdem die diversen Au-

■ Essen und Autos

tos, die der Vater im Verlauf der Erzählung anschafft und die gleichermaßen für seinen Aufstieg wie auch seinen Niedergang stehen: Im Opel Admiral fahren der Ich-Erzähler und die Mutter zur Beerdigung des Vaters.

Sprache

Die sprachliche Gestaltung der Erzählung kommt ohne übermäßigen rhetorischen Ballast aus. Häufig dominiert ein distanziert-berichtender, zuweilen lakonischer Ton, wodurch der Text leicht verständlich ist. Stilistische Mittel werden nur sparsam, aber wirkungsstark eingesetzt. Beispiele für die sprachliche ›Effektökonomie‹ des Textes finden sich u. a. im Bereich der Bildlichkeit.

■ Sachlicher
Stil

Wenn der Vater den Ich-Erzähler auf seine Ähnlichkeit mit dem Findelkind hinweist, so spricht er davon, dass dieses ihm »wie aus dem Gesicht geschnitten« (S. 55) sei. Der Ich-Erzähler versteht diesen bildlichen Ausdruck so wörtlich, dass er die »Schnitte« (S. 56) am eigenen Leib zu verspüren meint. Auch die Stimmungslage der Mutter, die nach dem Tod des Vaters schwere Depressionen erlebt, erhält durch metaphorischen Sprachgebrauch ein hohes Maß an Anschaulichkeit: »eine Frau, die in einem Nebel von Traurigkeit verschwand« (S. 139).

■ Bildhafte
Sprache

Ein sprachliches Mittel auf Wort- und Satzebene, das die Erzählung bereits auf den ersten Seiten prägt und dann im weiteren Verlauf immer wieder zum Einsatz kommt, ist die Wiederholung. Bereits in der erzählerischen Exposition werden die Wörter »Arnold«, »Mutter«, »Krieg« und »Osten« gleich mehrfach verwendet (S. 7). Die Wiederholung hat in dieser Passage unterschiedliche Funktionen: Zum einen wird Wichtiges eingeführt, dessen Bedeutung für die Erzählung durch Wiederholungen hervorgehoben wird. Zum anderen ist die Wiederholung Element eines jugendlich gefärbten Sprachgebrauchs, der die Wahrnehmungsweise des erlebenden Ichs spezifiziert und vom Ton des erwachsenen Erzähler-Ichs abhebt.

■ Wiederholungen

Wenn der Ich-Erzähler beschreibt, wie er sich einem verzweifelten Ausbruch von Mutterliebe zu entziehen versucht, zeigt sich eine weitere wichtige Funktion der Wiederholung. Das ausgestellte Mutter-Sohn-Verhältnis wird durch die mehrmalige Verwendung des Wortes »drücken« ironisiert. Die Zuneigung der Mutter, die ihm zuvor so oft versagt blieb, empfindet er nun als unangenehm. Durch die kindlich-naive Sicht des Ich-Erzählers gewinnt die Passage regelrecht absurde Züge:

■ Ironie

»Manchmal geschah es, daß sie die Arme nach mir ausstreckte, mich an sich drückte, meinen Kopf mit ihren Händen bedeckte und fest an ihren Bauch drückte. Dort blieb mir die Luft weg, und ich begann zu schwitzen, während ich spürte, wie erst der Bauch und dann die ganze Mutter bebte. Ich wollte nicht an den Bauch der Mutter gedrückt sein, und ich wollte nicht, daß die Mutter bebte, während ich an ihren Bauch gedrückt war. Doch je weniger ich atmete, um so mehr drückte sie mich an sich, fast, als wollte sie mich in ihren Bauch hineindrücken. Aber ich wollte nicht in den Bauch der Mutter hineingedrückt werden, ich wollte gar nicht gedrückt werden. Früher hatte mich die Mutter nie gedrückt, und jetzt wollte ich nicht mehr gedrückt werden, ich kam sehr gut zurecht, ohne gedrückt zu werden. Aber die Mutter kam anscheinend nicht mehr zurecht, ohne zu drücken. ›Laß dich drücken‹, sagte sie manchmal und aus heiterem Himmel.« (S. 73 f.)

Ironie ruft das Stilmittel der Wiederholung auch hervor, wenn der Ich-Erzähler die Ausführungen des Leichenwagenfahrers wiedergibt und die mehrmalige Nennung des Gerichts »Cordon bleu« (S. 99) zur Stilisierung dieser komischen Figur beiträgt. Eine ganz ähnliche Wirkung erzeugt auch die Darstellung Tante Hildes im ersten Teil der Erzählung, deren »Kirchenblättchen« (S. 28) mehrfach genannt wird.

Aber nicht nur die zahlreichen Wiederholungen tragen zum ironischen Grundton der Erzählung bei. Vor allem aus der »naiv-narzisstischen Perspektive«[9] des erlebenden Ichs gehen Beobachtungen von unfreiwilliger Komik hervor. Dies ist beispielsweise der Fall, wenn der Ich-Erzähler sich bemüht, die komplizierten wissenschaftlichen Gutachten zu verstehen.

■ Unfreiwillige Komik

9 Lutz Hagestedt, »Komik und Emotionalität. Die Literatur der neunziger Jahre«, in: *literaturkritik.de*:literaturkritik.de/id/348 (Stand: 22. 1. 2020).

»Darüber hinaus bemerkte er [Professor Keller] ›das Fehlen der Ausbuchtung der Helix in der Gegend der Tierohrspitze‹, was die Eltern betrübt, aber ohne Kommentar zur Kenntnis nahmen. Ich dagegen war erleichtert, daß Tierohrspitzen oder ähnliches an mir nicht festgestellt worden waren.« (S. 72)

Unfreiwillig komisch wirken oftmals auch die gehäufte wissenschaftliche Terminologie und der abstrakte Stil der Gutachten, die in der gesamten Erzählung zum immer gleichen Ergebnis führen und somit absurde Züge gewinnen: Eine Verwandtschaft mit dem Findelkind ist höchst unwahrscheinlich.

Darüber hinaus erinnert das Vokabular Professor Liebstedts recht deutlich an die Medizin des Nationalsozialismus. Dieser semantische Bereich wird ergänzt durch rassistisch besetzte Begriffe wie beispielsweise »Polenwirtschaft« (S. 76) oder ideologische Kollektivsingulare wie »der Russe« (S. 14), die u. a. vom Vater gebraucht werden. Auch Begriffe wie »Krematorium« (S. 103) oder »Öfen« (S. 106), die im Kontext der Erzählung an die nationalsozialistischen Verbrechen des Holocaust denken lassen, gehören in diesen Bereich.

■ Sprache des Nationalsozialismus

Schließlich ist auf die Bedeutung von negativ besetzten Wörtern bzw. Wortfeldern hinzuweisen, die sich dem Bedeutungsumfeld von »Schuld und Scham« (S. 17) bzw. »d[em] Schreckliche[n]«, zentralen Themen der Erzählung, zuordnen lassen (z. B. Schrecken, Kränkung, Angst, Erstarrung, Qual, Schock, Traurigkeit etc.).

■ Wortfelder: Schuld und Scham

5. Quellen und Kontexte

Der 1952 geborene Hans-Ulrich Treichel schreibt in seiner Erzählung *Der Verlorene* über eine Familie, die 1945 aus dem von der sowjetischen Roten Armee eroberten Ostpreußen flieht, sich in einer Stadt in Ostwestfalen niederlässt und dort in den 1950er Jahren aktiv an dem mitwirkt, was rückblickend als ›Wirtschaftswunder‹ bezeichnet wird. Auf der Flucht vor den schnell nachrückenden Russen erleben die Eltern traumatisierende Gewalt und verlieren zudem einen Sohn.

■ Bezug zur historischen Realität

Was Treichel in *Der Verlorene* erzählt, spiegelt Ereignisse, die für viele Deutsche aus Ostpreußen, Schlesien und Pommern ab 1944 bittere Realität waren. Auch Treichels Eltern gehörten zu denen, die fliehen mussten und sich später auf die Suche nach einem vermissten Kind machten. Die Erzählung *Der Verlorene* speist sich somit im Wesentlichen aus drei Quellenbereichen: der Geschichte von Flucht und Vertreibung aus den Ostgebieten ab 1944, der vom wirtschaftlichen Aufschwung geprägten Geschichte Nachkriegsdeutschlands in den 1950er/60er Jahren sowie den Biografien des Autors Hans-Ulrich Treichel und seiner Familie.

Flucht und Vertreibung aus den Ostgebieten

Ostpreußen, bis 1945 die östlichste Provinz des ■ Ostpreußen
Deutschen Reiches, blieb von den Geschehnissen des
Zweiten Weltkriegs bis 1944 weitgehend verschont.
Während die weiter westlich gelegenen deutschen
Städte bereits massiv von Luftangriffen der Alliierten
betroffen waren, hoffte man im Osten noch auf einen
erfolgreichen Ausgang der Kriegshandlungen. Im
Sommer 1944 durchbrachen dann Einheiten der rus-
sischen Roten Armee die deutsche Ostfront und rück-
ten nach Ostpreußen vor.

Abb. 3: Flüchtlingstreck aus Ostpreußen im Winter 1945. –
© akg images

Auch wenn die russischen Kräfte von der deutschen Wehrmacht kurzzeitig zurückgedrängt werden konnten, kam es nun zu ersten Fluchtbewegungen der deutschen Bevölkerung. Von offizieller Seite wurde eine Evakuierung der deutschen Bevölkerung lange verzögert und durch strenge Verordnungen sogar unter Strafe gestellt. Die deutschen Durchhalteparolen waren auch in Ostpreußen an der Tageordnung. Als es der russischen Armee dann im Januar 1945 gelang, Ostpreußen von den restlichen deutschen Gebieten zu isolieren, konnten Hunderttausende Menschen ihre Häuser und Höfe erst in allerletzter Minute verlassen.

Vorrücken der Roten Armee

Schnell machten Gerüchte über grausame Gewalttaten der russischen Armee die Runde. Nun setzten massenhafte Fluchtbewegungen ein. Bis zu fünf Millionen Deutsche aus den Ostgebieten begaben sich aus Furcht vor der rasch heranrückenden russischen Armee auf die übereilte Flucht. Viele schlossen sich zu Trecks zusammen und transportierten ihre Habe mit Pferdewagen oder Handkarren durch Eis und Schnee. Im Januar 1945 herrschte in Ostpreußen tiefster Winter. Viele geschwächte Flüchtlinge fielen der Kälte zum Opfer, vor allem Kinder erfroren. Nachdem die Landwege abgeschnitten waren, führten die wichtigsten Fluchtrouten der deutschen Zivilbevölkerung über das zugefrorene Frische Haff sowie die Häfen der Ostsee, von wo aus Flüchtlinge mit Schiffen evakuiert wurden. Am 30. Januar 1945 wurde das ehemalige Kreuzfahrtschiff ›Wilhelm Gustloff‹, das nun auch

Überhastete Flucht

zum Transport von Flüchtlingen eingesetzt wurde, durch Torpedos eines russischen U-Bootes versenkt. Über 9000 Menschen kamen dabei ums Leben. Der Schriftsteller Günter Grass hat den Untergang der ›Gustloff‹ in seiner Novelle *Im Krebsgang* (2002) literarisch verarbeitet.

Etliche Flüchtlingstrecks erreichten die Häfen der Ostsee jedoch nicht. Sie gerieten auf ihrem Weg zwischen die Kriegsfronten oder wurden von Einheiten der russischen Armee gestoppt. Häufig eröffneten die russischen Soldaten das Feuer auf die Flüchtenden oder es kam zu Vergewaltigungen und anderen schweren Gewalttaten. Viele Familien wurden in diesen Tagen und Monaten auseinandergerissen. Hans-Ulrich Treichels Eltern erlebten diese Gewalt und die unfreiwillige Trennung der Familie am eigenen Leib.

■ Gräueltaten russischer Soldaten

In seiner Poetikvorlesung *Der Entwurf des Autors*, die Treichel im Jahr 2000 in Frankfurt am Main hielt, zitiert er eine Erklärung seines Vaters, die dieser im Jahr 1959 abgegeben hatte:

■ Treichels Eltern

»Ich stamme aus Ostpreußen und übernahm während des Krieges als Schwerkriegsbeschädigter die Bewirtschaftung eines landwirtschaftlichen Hofes in Rakowiec. Dort lernte ich meine Ehefrau [...] kennen. Wir heirateten 1942. Aus unserer Ehe ging das genannte Kind Günter Treichel, geb. 24. 9. 1943, hervor. Beim Heranrücken der Roten Armee im Januar 1945 mußten wir unseren Hof verlassen und schlossen uns mit anderen Deutschen zu einem

Treck zusammen. Wir hatten die Flucht jedoch erst so spät antreten können, daß wir von der vorrückenden Armee praktisch überrollt wurden. Die Situationen, in die wir dann kamen, lassen sich im einzelnen kaum schildern. Unser Leben war wiederholt bedroht, nur mit Mühe und Not entrannen wir dem Tode durch Erschießen. Aus einer solchen Situation heraus waren wir dann gezwungen, unter Zurücklassung unserer gesamten Habe und unseres Kindes, das auf einem Pferdewagen verblieb, zu flüchten, um uns vor dem Erschossenwerden zu retten …«[10]

Treichels Eltern fanden nach der Flucht in Nordrhein-Westfalen ein neues Zuhause. Der Autor kam 1952 in der Stadt Versmold zur Welt. Die Gesamtzahl der Menschen, die nach dem Zweiten Weltkrieg eine neue Heimat suchten, wird auf ca. 12 Millionen geschätzt. Deutschland wurde nach Kriegsende in Besatzungszonen aufgeteilt: Im Jahr 1950 lebten ca. 8 Millionen geflüchtete Menschen in der BRD, weitere 4 Millionen in der DDR.

Die Ankunft am Fluchtziel bedeutete für die meisten Menschen jedoch nicht, dass Leid und Not überwunden waren. Viele Menschen kamen ohne Hab und Gut in der neuen Heimat an. Die Besitztümer in den Ostgebieten wurden enteignet. Und auch im Nachkriegsdeutschland waren Neuankömmlinge

10 Hans-Ulrich Treichel, »Lektionen der Leere«, in: H.-U. T., *Der Entwurf des Autors*, Frankfurt a. M. 2000, S. 24 f.

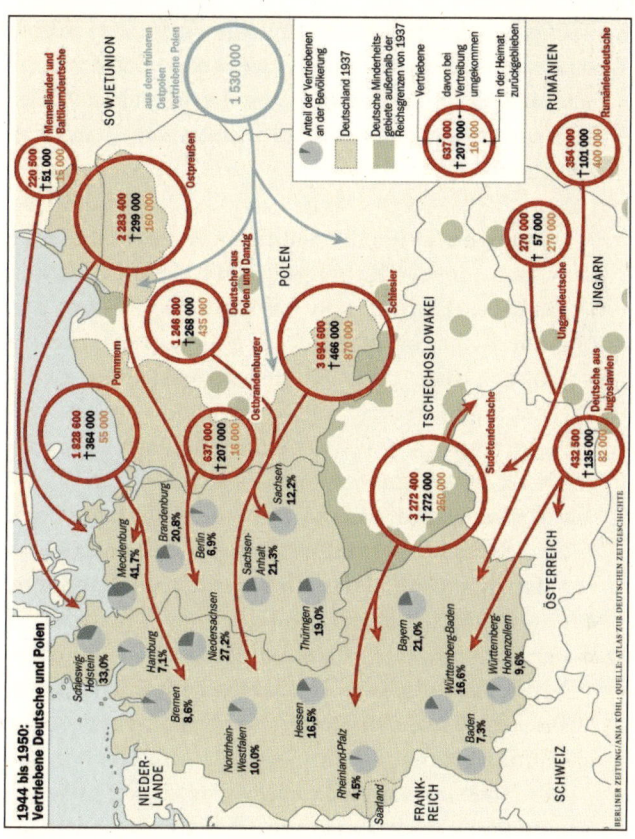

Abb. 4: Verteilung der Geflüchteten in der BRD. – Quelle: Atlas zur deutschen Zeitgeschichte. Veröffentlicht mit Genehmigung der Berliner Zeitung / Anja Kühl.

Anfein-
dungen im
Nachkriegs-
deutsch-
land

häufig nicht gern gesehen und Anfeindungen ausgesetzt. Der Historiker Andreas Kossert, der über das
Thema Flucht und Vertreibung das Buch *Kalte Heimat* (2008) geschrieben hat, resümiert die damalige
Situation:

»Gelungen ist vor allem eine wirtschaftliche Inte-
gration [der Geflüchteten] in die deutsche Nach-
kriegsgesellschaft. Das sagt aber nichts über das
mentale Ankommen aus. Viele Flüchtlinge fühl-
ten sich auch noch Jahrzehnte nach dem Krieg
nicht ›zu Hause‹. […] [D]ie mentalen Spuren von
Heimatverlust und Vertreibung blieben teilweise
über Generationen sichtbar. Deshalb ist es wichtig, sich klarzumachen, was es früher, aber auch
heute bedeutet, eine Heimat zu verlieren. Diese
Erfahrung war in Deutschland für Millionen Menschen eine kollektive, von der aber viel zu selten
die Rede ist. […] Die Vertriebenen kamen in ein
besetztes, zerstörtes Nachkriegsdeutschland ohne
Rückfahrkarte. Die Westdeutschen hingegen wollten nach vorn schauen, die bloße Anwesenheit der
Vertriebenen erinnerte viele aber an den gemeinsam verlorenen Krieg. Viele lebten noch in Bara-
cken, als manche Deutsche schon in ihren ersten
Italienurlaub aufbrachen. Die Ablehnung war jedoch auch auf die NS-Propaganda zurückzuführen, die nach dem 8. Mai 1945 weiterwirkte. Menschen aus dem Osten galten als minderwertig, es
gab vielfach antislawische Ressentiments, wes-

halb die Vertriebenen oft als ›Polacken‹ diffamiert wurden.«[11]

Die Geflüchteten litten häufig unter Traumatisierungen, die ihnen durch die Erfahrung von Gewalt und Missbrauch zugefügt wurden. Vor allem die massenhaften Vergewaltigungen, die sowohl auf der Flucht als auch in den Besatzungszonen von alliierten Soldaten verübt wurden, hatten für die betroffenen Mädchen und Frauen massive körperliche und seelische Konsequenzen. Viele wurden ungewollt schwanger und litten noch Jahre an den psychischen Folgen dieser Erfahrungen. Therapeutische Hilfe erhielten Vergewaltigungsopfer kaum; der Abbruch ungewollter Schwangerschaften war durch § 218 weitestgehend untersagt. Eine sehr lange Zeit sollte über das Schicksal der Mädchen und Frauen, die während der Flucht oder im Nachkriegsdeutschland Opfer sexualisierter Gewalt wurden, geschwiegen werden.[12] Überhaupt galt eine Perspektive, in der die deutsche Bevölkerung auch als Opfer und nicht nur als Täter des Krieges betrachtet wurden, noch über Jahre hinweg als Tabu. Zu groß erschien die Gefahr, dass das unfassbare Leid,

■ Vergewaltigung und Traumatisierung

---

11 Christiane Florin, »Flüchtlingstrecks wecken kollektive Erinnerungen« [Interview mit Andreas Kossert], in: *Zeit online* (23.10.2015). www.zeit.de/2015/43/flucht-fluechtlinge-zweiter-weltkrieg-vertreibung-kirche (Stand 22. 1. 2020).

12 Vgl. Michael Sontheimer, »Erst vergewaltigt, dann vergessen«, in: *Als Deutschland sich neu erfand. Die Nachkriegszeit 1945–1949*, hrsg. von Katja Iken, Uwe Klußmann und Eva-Maria Schnurr, München 2019, S. 44–54.

Abb. 5: Plakat des Kinder-Suchdienstes der Zonenzentrale München, Februar 1946. Aus: PINGUIN für junge Leute, Rowohlt Verlag, Stuttgart. – © akg-images

das die Millionen Opfer des Nazi-Regimes erlebten, hierdurch verharmlost werden könnte. Erst Jahrzehnte später fand eine sachliche Auseinandersetzung mit den Erlebnissen der deutschen Bevölkerung während und nach dem Zweiten Weltkrieg statt.

Auf der Flucht aus Ostpreußen mussten Treichels Eltern den ältesten Sohn Günter zurücklassen. Zehntausende weitere Kinder wurden auf der Flucht von ihren Eltern getrennt. Um die zahlreichen Findelkinder, die von anderen Flüchtenden, Soldaten oder Krankenschwestern nach Deutschland gebracht wurden, wieder mit ihren Eltern zusammenzubringen, wurden unter Federführung des Deutschen Roten Kreuzes bald nach Kriegsende zentrale Suchstellen eingerichtet.

■ Trennung von Familien

Die Identität der meisten registrierten Kinder konnte vom Suchdienst bestimmt werden. Welche Verfahren hierfür mitunter zur Anwendung kamen, beschreibt Treichel in seiner Erzählung eindrücklich.

Wirtschaftswunder

Der Vater in Treichels Erzählung *Der Verlorene* arbeitet sich in seiner neuen Heimat rasch empor und bringt es als Großhändler für Wurst- und Fleischwaren zu einigem Wohlstand. Sein Haus lässt er großzügig umbauen, und kostspielige Autos dienen ihm als Statussymbole. Den Hintergrund dieses Aufstiegs bilden die 1950er Jahre in der Bundesrepublik, die als das Jahrzehnt des ›Wirtschaftswunders‹ in die Geschichte eingingen.

Soziale Marktwirtschaft

Mit dem System der ›sozialen Markwirtschaft‹ hat Ludwig Erhard, erst Bundesminister für Wirtschaft und später zweiter Bundeskanzler, die Weichen für diese rasante wirtschaftliche Entwicklung der Bundesrepublik gestellt. Mit der finanziellen Unterstützung der westlichen Alliierten gelang es, die Industrie in Deutschland massiv zu fördern und den Aufschwung voranzutreiben.

Bedeutung der Flüchtlinge

In den 1950er Jahren standen der Industrie genügend Arbeitskräfte zur Verfügung, was auch auf die zahlreichen Vertriebenen und Flüchtlinge zurückzuführen ist. Als langsam die Rückkehr der Männer aus der Kriegsgefangenschaft einsetzte, mussten sich die damals in großer Zahl arbeitenden Frauen wieder aus der Industrie zurückziehen. Ende der 1950er kam es aufgrund des wirtschaftlichen Aufschwungs sogar zu einem Personalmangel, so dass vermehrt Arbeitskräfte aus Italien, Portugal, Spanien, Griechenland und der Türkei angeworben wurden.

Konsumgüter

Mittlerweile wurden auch verstärkt Produkte für den persönlichen Konsum produziert, die Kaufkraft in der Bevölkerung stieg an, und vor allem Automobile wurden zum Symbol für Wirtschaftsaufschwung und Wohlstand.

Viele Bundesbürgerinnen und -bürger wurden nun von einem regelrechten Kaufrausch gepackt. Der Export von in Deutschland produzierten Gütern gewann wieder an Bedeutung und das Verhältnis zu anderen

Ländern verbesserte sich. Einen Einschnitt erlebte das beständige Wachstum erst durch die sogenannte Bergbaukrise der 1960er Jahre.

Das ›Wirtschaftswunder‹ ließ die deutsche Bevölkerung nach den Kriegsjahren wieder in die Zukunft blicken, und so etwas wie eine neue deutsche Identität entstand. Dass der Blick voraus aber auch damit einherging, dass eine breite kritische Auseinandersetzung mit der eigenen Vergangenheit im Nationalsozialismus in nahezu allen Bevölkerungsschichten lange Zeit unterblieb, ist ebenfalls ein Teil dieser Entwicklung.

■ Kein Blick zurück

Abb. 6: Wirtschaftswunder: Der millionste VW-Käfer in Wolfsburg am 5. August 1955 präsentiert. – © dpa picture alliance / Alamy Stock Foto

Familiengeschichte des Autors

In seiner Poetikvorlesung spricht Hans-Ulrich Treichel über sein Menschenbild: »Der Mensch ist ein Vertriebener, der aus dem Osten kommt. Oder, genauer: Der Mensch ist ein Vertriebener, der aus dem Osten kommt und Angst vor dem Russen hat.«[13] Aus dem Osten geflüchtet sind Treichels Eltern, nicht er selbst. Das Menschenbild – so erklärt er es in der Vorlesung – hat er durch das Zusammenleben mit den Eltern und anderen Geflüchteten übernommen. Übernommen hat er dieses Menschenbild und die Erfahrungen seiner Eltern auch in die Erzählung *Der Verlorene*. Ohne mit dem Ich-Erzähler des Textes identisch zu sein, unterlegt Treichel dem Text doch seine Autobiografie.

■ Entstehung der Erzählung

»Die Leere der Kindheit ist ohne Zweifel meine prägendste Kindheitserfahrung« (S. 16), so Treichel. Dieser »Leere« literarisch eine Form zu geben, war ein wichtiger Schreibimpuls für die Erzählung: »War der Faden einmal aufgenommen, dann konnte es für mich auch keinen Zweifel daran geben, daß mein Schreiben ein autobiographisch inspiriertes Schreiben, mein Material die eigene Erfahrung und das eigene Ich waren.«[14]

■ Leere der Kindheit

In Treichels Erzählung fließen also Erfahrungen ein, die er als Kind vertriebener Eltern gesammelt hat. Das Schweigen der Eltern über die eigene Vergangenheit macht dabei ganz wesentlich die »Leere« aus, von

13 Treichel (s. Anm. 10), S. 22.
14 Ebd., S. 105.

der Treichel berichtet. Teil dieser »Leere« ist aber auch der älteste Sohn Günter, von dem Treichel lange annahm, dass er auf der Flucht gestorben sei.

Erst kurz vor ihrem Tod zu Beginn der 1990er Jahre gestand Treichels Mutter, dass der älteste Sohn nicht tot, sondern verlorengegangen ist. Dieses Geständnis gab den konkreten Anstoß zur Erzählung *Der Verlorene*. 1995 entstanden die ersten Notizen, die Hauptarbeit am Manuskript fand in den folgenden zwei Jahren statt. 1997 erschien *Der Verlorene* als Vorabdruck in der *Frankfurter Allgemeinen Zeitung*. Die Buchpublikation folgte 1998 im Suhrkamp Verlag.

■ Anstoß zur Erzählung

In der Erzählung verarbeitet sind auch Funde, die Treichel im Nachlass der Mutter gemacht hat. Dort stieß er auf diverse Dokumente und Gutachten, welche die Suche der Eltern nach ihrem Sohn Günter dokumentieren. Von den diversen Untersuchungen der Eltern, die damals stattfanden, hatte Treichel nichts mitbekommen. Nur an eines konnte er sich später erinnern: Einmal waren im heimischen Elternhaus seine Fingerabdrücke genommen worden. Die Eltern hatten vorgetäuscht, dass es einen Einbruchsversuch am Haus gegeben habe und man nun seine Abdrücke bei der Spurensuche ausschließen müsse. Im Nachlass fand Treichel außerdem die Fotografie des Bruders Günter, die im ersten Abschnitt der Erzählung ausführlich beschrieben wird.

■ Nachlass

Treichel verfolgte das Schicksal des Findelkindes, von dem er aus den Nachlassdokumente der Mutter erfährt, auch nach der Niederschrift der Erzählung

■ Schicksal des Findelkindes

weiter. Vom Suchdienst des Deutschen Roten Kreuzes erfuhr er, dass der Suchauftrag, den die Eltern 1959 stellten, noch immer laufe. Er erhielt weitere Informationen über das Findelkind, nahm Kontakt zu ihm auf und traf sich sogar mit ihm. Ein DNA-Test zeigte später, dass Treichel und das Findelkind nicht miteinander verwandt sind.

■ Variationen des Themas

Die Vergangenheit in Ostpreußen sowie Flucht und Vertreibung sind Themen, die in mehreren Texten Treichels verhandelt werden. Die Geschichte um den verlorenen Bruder hat Treichel in insgesamt vier literarischen Texten aufgegriffen und aus verschiedenen Perspektiven gestaltet: *Der Verlorene* (1998), *Menschenflug* (2005), *Anatolin* (2008) und *Tagesanbruch* (2016) (vgl. Kapitel »Autor und Zeit«, S. 128).

In der Erzählung *Tagesanbruch* (2016) füllt Treichel die in *Der Verlorene* hinterlassene Leerstelle. Eine Mutter erzählt dem verstorbenen Sohn von ihrer Vergangenheit. Auf der Flucht aus Polen wurde sie von russischen Soldaten vergewaltigt.

Treichel hat die Erlebnisse seiner Eltern und die eigenen Erfahrungen aber nicht nur als inhaltliche Quellen genutzt. Das autobiografische Erleben wird gleichsam literarisiert, bis es zum sprachlichen Mittel wird. Treichel erinnert sich an Besuche anderer Flüchtlinge im Haus der Eltern. Dabei fällt ihm die Sprache der Menschen auf: »Die Vertriebenen und Flüchtlinge in der Wohnküche meiner Eltern sagten die Dinge nicht einmal, sondern wenigstens dreimal, oft genug aber noch öfter. Die Flüchtlinge und Vertriebenen wiederholten sich ständig. Heute glaube ich zu wissen, daß sie redeten, um den Schrecken zu bannen.«[15] Die gehäuften Wiederholungen in *Der Verlorene* können vor diesem Hintergrund als sprachlicher Schutzwall beschrieben werden, hinter dem sich die Eltern und der Ich-Erzähler vor dem »Schrecklichen« verbergen.

■ Sprache gegen das Schreckliche

Literarische Kontexte

Treichel ist nicht der erste Autor, der sich im deutschsprachigen Raum literarisch mit Flucht und Vertreibung nach dem Zweiten Weltkrieg beschäftigte. Er gehört aber zu den Ersten, die sich als Vertreter der Nachkriegsgeneration diesem Thema widmen. Treichel weist selbst auf Autoren hin, die zuvor über Flucht und Vertreibung schrieben: Hans Erich Nossack *Der Untergang* (1976), Heinrich Böll *Der Engel schwieg* (1956) sowie Texte von Autoren wie Siegfried Lenz, Arno Surminski, Heinz Piontek, Horst Bienek und Arno Schmidt.[16] Weitere Autorinnen und Autoren lassen sich leicht ergänzen: Christa Wolf, Jurek Becker, Christoph Hein oder Günter Grass.

■ Literarische Kontexte

Für das literarische Schreiben Treichels lassen sich noch weitere Bezugspunkte angeben. Die Literaturkritik hat mit Blick auf die spezielle Textstilistik der Erzählung *Der Verlorene* häufig auf Anleihen bei dem österreichischen Schriftsteller Thomas Bernhard hin-

15 Ebd., S. 26.
16 Zitiert nach Krätzer (s. Anm. 5), S. 167.

■ Bezugs-
autoren

gewiesen, auf den auch Treichel selbst in Kommentaren und literaturwissenschaftlichen Arbeiten[17] Bezug
nimmt (vgl. Kapitel »Autor und Zeit«, S. 123). Weitere
Autoren, die wiederholt mit Treichels Schreiben in
Verbindung gebracht werden, sind Peter Weiss, Wolfgang Koeppen und Bertolt Brecht.

17 Hans-Ulrich Treichel, *Auslöschungsverfahren. Exemplari-
sche Untersuchungen zur Literatur und Poetik der Moderne*,
München 1995.

6. Interpretationsansätze

Die folgenden Interpretationen sind so angelegt, dass sie die Informationen, die in den vorangegangenen Kapiteln vermittelt wurden, exemplarisch auf Schlüsselpassagen der Erzählung beziehen oder zu relevanten Kontexten in Beziehung setzen. Vor allem im ersten Teil dieses Kapitels liegt der Fokus auf der genauen, kleinschrittigen Analyse einer Erzählpassage. Die folgenden Deutungen fokussieren jeweils Einzelaspekte, die sich in der weiterführenden Auseinandersetzung mit dem Text vertiefen bzw. erweitern lassen.

Die Ouvertüre der Erzählung – der erste Abschnitt

Eine Ouvertüre ist das instrumentale Eröffnungsstück eines musiktheatralischen Werks, z. B. einer Oper oder eines Schauspiels. Die Funktion einer Ouvertüre ist es, wesentliche Elemente der folgenden Handlung sowie markante Charakterzüge der handelnden Figuren musikalisch einzuführen. *Der Verlorene* ist kein Musikdrama, auch wenn ihr Autor Treichel bereits einige Opernlibretti verfasst hat.

Bei genauerer Betrachtung zeigt sich aber, dass der erste Abschnitt der Erzählung für den Gesamttext durchaus die Funktion einer komplex strukturierten Ouvertüre hat: Man könnte sagen, die ersten Seiten der Erzählung sind fein ›durchkomponiert‹. Sie lassen

■ Funktion einer Ouvertüre

■ Der erste Erzählabschnitt

den bestimmenden Ton der Erzählung ›anklingen‹, stellen die wesentlichen Figuren und ihre charakterlichen Eigenarten vor, zeigen das Kommunikationsverhalten der Familie und deuten zentrale Konflikte an. Der erste Abschnitt der Erzählung umfasst etwas mehr als fünf Seiten und lässt sich in ebenso viele Teile gliedern.

1. Die ›Standardsituation‹ (S. 7)

Gleich die ersten Worte führen zum zentralen Thema der Erzählung. »Mein Bruder« (S. 7), so meldet sich der Ich-Erzähler erstmals zu Wort. Das hier zum Ausdruck gebrachte Verwandtschaftsverhältnis hat für alles Weitere in *Der Verlorene* eine große Bedeutung: Der abwesende Bruder ist der eigentliche Erzählanlass; er prägt die Entwicklung des Ich-Erzählers maßgeblich, beeinflusst die psychische Situation der Mutter und setzt die relevanten Geschehnisse der Handlung in Gang.

■ Verwandt-
schaftsver-
hältnis

»Mein Bruder hockte auf einer weißen Wolldecke und lachte in die Kamera. Das war während des Krieges, sagte die Mutter, im letzten Kriegsjahr, zuhaus. Zuhaus, das war der Osten, und der Bruder war im Osten geboren worden. Während die Mutter das Wort ›Zuhaus‹ aussprach, begann sie zu weinen, so wie sie oft zu weinen begann, wenn vom Bruder die Rede war. Er hieß Arnold, ebenso wie der Vater. Arnold war ein fröhliches Kind, sagte die

Mutter, während sie das Photo betrachtete. Dann sagte sie nichts mehr, und auch ich sagte nichts mehr und betrachtete Arnold, der auf einer weißen Wolldecke hockte und sich freute.« (S. 7)

Die hier zitierte Passage bildet den ersten von fünf Teilen des Erzählabschnittes. Sie konfrontiert die Leserinnen und Leser mit einer »Standardsituation«[18] der Erzählung.

Der Ich-Erzähler beschreibt eine Fotografie, auf der das ›Idealbild‹ eines Kleinkindes zu sehen ist: lachend, nicht scheu, der Kamera freundlich zugewandt. Denkt man hier an die Aversion des Ich-Erzählers gegen das Fotografiertwerden, von der später im Text noch berichtet wird, deutet sich ein erster Gegensatz zwischen den Geschwistern an. Zeigt der eine ohne Widerstand sein Lächeln in die Kamera, empfindet es der andere als Qual, sich fotografieren lassen zu müssen; ist auf dem Foto des Bruders die Frontalansicht des Kindes zu sehen, so wollen die Eltern vom Ich-Erzähler hauptsächlich ein Foto seines Hinterkopfes. Gleich im Anschluss an die Beschreibung der Fotografie kommt die Mutter in der indirekten Redewiedergabe des Ich-Erzählers zu Wort und liefert die nächste Information, die zwischen dem abwesenden Bruder und dem jüngeren Sohn eine Grenzlinie markiert.

»Zuhaus, das war der Osten, und der Bruder war im Osten geboren worden.« (S. 7) »Zuhaus«, das ist für

■ Idealbild

■ Unterschiede zwischen den Brüdern

■ »Zuhaus«

18 Hagestedt (s. Anm. 9).

die Mutter nicht die Kleinstadt in Ostwestfalen, nicht der Geburtsort des jüngeren Sohnes, sondern Ostpreußen. In dieser Vorstellung von Heimat kommt der Ich-Erzähler nicht vor. Die Mutter situiert ihn so implizit außerhalb des vertrauten Heimatraums und deutet ein distanziertes Verhältnis zum Ich-Erzähler an. Nachdem sie ihre Sehnsucht nach der Heimat und dem abwesenden Sohn artikuliert hat, beginnt sie zu weinen. Dieses Verhalten gehört ebenfalls zur Standardsituation der Bildbetrachtung.

Die Mutter gewinnt auf diese Weise in den ersten Sätzen der Erzählung bereits ihr charakterliches Profil: In die Vergangenheit gewandt und grundmelancholisch gestimmt trauert sie ihrem Sohn Arnold nach. Indem sie ihren älteren Sohn an dieser Stelle namentlich benennt, betont sie die familiäre Bindung, denn der Vater trägt denselben Namen. Damit verleiht sie dem abwesenden Sohn eine Identität. Der Ich-Erzähler wird hingegen in der gesamten Erzählung nicht einmal beim Namen genannt und bleibt seinem Bruder gegenüber gleichsam ohne Persönlichkeit.

■ Melancholie der Mutter

Der erste Teil des Erzählabschnittes endet mit der Konstatierung von Stille: »Dann sagte sie nichts mehr, und auch ich sagte nichts mehr [...]« (S. 7). Wenn über den Bruder gesprochen wurde, scheint der Wortvorrat der Mutter erschöpft, ein Dialog mit dem Ich-Erzähler kommt nicht in Gang. Die charakteristische intrafamiliäre Kommunikationssituation der Erzählung ist damit bereits etabliert: Entweder wird über den

■ Stille

Bruder gesprochen oder gar nicht. Bildbetrachtung, Idealisierung des Abwesenden, Tränen, Stille – so lässt sich die in den ersten Zeilen vermittelte ›Standardsituation‹ der Familie zusammenfassen.

2. Der Neid des Erzählers (S. 7 f.)

Der zweite Teil des Erzählabschnitts vermittelt, wie der Ich-Erzähler diese ›Standardsituation‹ erlebt. Das Foto des Bruders und die von der Mutter gelieferten Informationen kann er nicht miteinander in Einklang bringen: »Ich weiß nicht, worüber Arnold sich freute, schließlich war Krieg, außerdem befand er sich im Osten, und trotzdem freute er sich.« (S. 7)

Die erste Äußerung des Ich-Erzählers, die unmittelbar auf seinen inneren Zustand schließen lässt, signalisiert Nicht-Wissen und Nicht-Verstehen: »Ich weiß nicht.« (S. 7) Der Ich-Erzähler möchte die von der Mutter bei der Betrachtung der Fotografie immer wieder artikulierten Erinnerungsphrasen begreifen, was ihm jedoch nicht gelingt. Ihm fehlen entscheidende Informationen. Auch dies ist eine ›Standardsituation‹ der Erzählung. Der Ich-Erzähler bemüht sich darum, das Schicksal des Bruders, die Situation der Familie, seine eigene Rolle bei der Suche der Eltern nach dem Bruder und schließlich auch die kompliziert formulierten wissenschaftlichen Gutachten zu verstehen. Stets bleibt beim Ich-Erzähler jedoch der Eindruck zurück, etwas Wichtiges nicht oder noch nicht verstanden zu haben. Das familiäre Schweigen, von

■ Nicht-Verstehen

dem im ersten Erzählabschnitt bereits die Rede war, verstärkt das Empfinden des Ich-Erzählers, vom Wissen der Eltern ausgeschlossen zu bleiben. Umso intensiver werden seine Anstrengungen im Verlauf der Erzählung, Situationen und Gespräche genau zu beobachten und zu durchdringen.

■ Neid

Die Aufmerksamkeit der Mutter für das Foto des Bruders ruft beim Ich-Erzähler Neid hervor. Aus dieser Grundempfindung resultiert die Abwehrhaltung des Ich-Erzählers gegen den Bruder, die sich massiv verstärkt, als klar wird, dass Arnold noch am Leben sein könnte. Arnold steht in der Familie immer an erster Stelle. Die Platzierung seines Fotos an erster Stelle des Familienalbums lässt daran keinen Zweifel: »Arnold war ganz vorn im Photoalbum.« (S. 7) Die »kleine[n], wenn nicht winzige[n] Photos« (S. 8) des jüngeren Bruders folgen erst an späterer Stelle. Auch durch die unterschiedliche Größe der Fotos erkennt der Ich-Erzähler Unterschiede zum Bruder.

3. Identitätssplitter (S. 8 f.)

Im dritten Teil des Erzählabschnitts führt der Ich-Erzähler akribisch aus, welche Repräsentation seiner Persönlichkeit die »winzigen«, ihn zeigenden Fotos im Familienalbum im Kontrast zur ›ganzheitlichen‹ Visualisierung des Bruders erzeugen. Die Betrachtung der Fotos gewinnt in dieser Passage den Charakter einer Analyse:

■ Analyse der Fotos

»Während mein Bruder Arnold schon zu Säug-
lingszeiten nicht nur wie ein glücklicher, sondern
auch wie ein bedeutender Mensch aussah, war ich
auf den meisten Photos meiner Kindheit zumeist
nur teilweise und manchmal auch so gut wie überhaupt nicht zu sehen. So gut wie überhaupt nicht
zu sehen war ich beispielsweise auf einem Photo,
das anläßlich meiner Taufe aufgenommen worden
war. Die Mutter hielt ein weißes Kissen auf dem
Arm, über dem eine wiederum weiße Decke lag.
Unter dieser Decke befand ich mich, was man daran erkennen konnte, daß die Decke sich am unte-
ren Ende des Kissens verschoben hatte und die
Spitze eines Säuglingsfußes darunter hervor-
schaute. In gewisser Weise setzten alle weiteren
Photos, die von mir in meiner Kindheit gemacht
worden waren, die Tradition dieses ersten Photos
fort, nur daß auf späteren Photos statt des Fußes
der rechte Arm, die halbe Gesichtshälfte oder wie
auf dem Schwimmbadphoto ein Auge zu sehen
war.« (S. 8 f.)

Die Fotos zeigen den Ich-Erzähler stets nur in Teilen.
Vor allem sein Kopf und sein Gesicht sind nie vollständig zu sehen. Dass später eben die Vermessung
seines Kopfes so bedeutsam wird, wirkt vor diesem
Hintergrund geradezu ironisch.

Der Kontrast zum Bruder wird in dieser Passage
besonders anschaulich, denn eines der Fotos des
Ich-Erzählers bildet gewissermaßen die fotografische

Gescheiter- te Nachah- mung des Bruders

Inszenierung des Bruders Arnold noch einmal nach. Die Mutter hält den Ich-Erzähler bei der Taufe auf einem weißen Kissen. Auch Arnold »hockt« auf einer weißen Decke und lacht in die Kamera. Der Ich-Erzähler hingegen wird auf seinem Tauffoto von einer weißen Decke verhüllt, zu sehen ist nur »die Spitze eines Säuglingsfußes«. Selbst bei der rituellen Aufnahme ins religiöse Wertesystem, der Taufe, bleibt der Ich-Erzähler ›gesichtslos‹. Ob er eventuell ebenso »fröhlich« war wie der Bruder, kann nicht festgestellt werden. Die fotografierte Kindheit des jüngeren Sohnes zersplittert im Familienalbum in viele kleine Aufnahmen, die sich nicht zu einem einheitlichen Bild zusammenfügen lassen.

4. Unerschöpfliche Betrachtung (S. 9 f.)

Im vierten Teil kommentiert der Ich-Erzähler den üblichen Umgang der Mutter mit dem Fotoalbum. Über seine Fotos geht sie stets schnell hinweg, das Bild des Bruders betrachtet sie hingegen ausgiebig. Der Wille der Mutter »zu unerschöpflicher Betrachtung« (S. 10) ruft die zunehmende emotionale Verstimmung des Erzählers hervor, die sich steigert, je ergriffener die Mutter wird.

Missmut und Ver- stimmung

5. Konfliktanbahnung (S. 10–12)

Im fünften Teil klärt die Mutter den Ich-Erzähler ver-
meintlich darüber auf, dass Arnold auf der Flucht verhungert sei. Bislang hatte der Ich-Erzähler, der hier
naiv-kindliche Züge zeigt, über das Schicksal des Bruders nicht weiter nachgedacht. Doch die Erklärung
der Mutter weckt Zweifel beim jüngeren Sohn, die
ihn zum Nachfragen motivieren.

> »Auf meine Frage, ob denn niemand außer ihr Milch
> für das Kind gehabt habe, sagte die Mutter nichts,
> und auch alle meine anderen Fragen nach den nähe-
> ren Umständen der Flucht und dem Verhungern
> meines Bruders Arnold beantwortete sie nicht.«
> (S. 11)

Antworten auf seine Fragen erhält der Ich-Erzähler
nicht, der Umgang mit den Fotos fällt ihm nun aber
dennoch leichter. Denn zumindest eine Gefahr
scheint gebannt – dass Arnold ihm sein »Kinderzimmer« (S. 11) streitig macht.

Ein wichtiger Konflikt der Erzählung ist damit
vorbereitet: Der Ich-Erzähler erfährt im nächsten
Erzählabschnitt, dass Arnold nicht tot ist. Seinem
Platz im familiären Gefüge wird damit der Boden
entzogen und der nun »untote« (S. 17) Bruder gerät
zur Bedrohung. Aus anfänglicher Sympathie für den
Abwesenden wird später sogar Ärger und Bosheit
(S. 140).

■ Anbah-
nung des
Konflikts

Der in fünf Teile gegliederte erste Erzählabschnitt hat für den Gesamttext eine weitere strukturelle Bedeutung. Zusammen mit der Schlusspassage der Erzählung, in welcher der Ich-Erzähler seinen Bruder durch das Schaufenster eines Geschäfts zu erblicken glaubt (S. 174), bildet er einen narrativen Rahmen. Die Erzählung beginnt mit einer Betrachtung des Bruders und sie endet mit einem Blick auf das Findelkind Heinrich. In diesem Rahmen spielt sich die Entwicklung des Ich-Erzählers ab.

■ Narrative Rahmung

Aus der fremden Person auf dem Foto ist – womöglich – ein Doppelgänger des Ich-Erzählers geworden. Dass diese Annäherung an den Bruder, die gemäß der erzählerischen Logik eventuell zum entscheidenden Moment der Erkenntnis auf der Suche nach dem verlorenen Sohn bzw. Bruder hätte führen können, von der Mutter schließlich unterbrochen wird, ist tragisch.

■ Entwicklung des Ich-Erzählers

Schuld und Scham

Schuld und Scham sind Schlüsselbegriffe in *Der Verlorene* – sowohl in quantitativer wie auch in qualitativer Hinsicht prägen sie die Erzählung. Allein auf den Seiten 17 bis 19 werden die Begriffe insgesamt 25-mal vom Ich-Erzähler genannt. Hinzu kommen Wortfelder, die in einer semantischen Relation zu den Begriffen Schuld und Scham stehen und die den gesamten Erzähltext durchziehen.

Der Ich-Erzähler nimmt Schuld und Scham als die

unhintergehbaren Begleiterscheinungen seiner kind-
lichen Existenz wahr. Kein Lebensbereich des Ich-Erzählers bleibt frei von diesen Empfindungen. Eine Erklärung für diesen Umstand scheint der Ich-Erzähler
gefunden zu haben, als er von seiner Mutter erfährt,
dass Arnold gar nicht tot, sondern auf der Flucht verlorengegangen ist:

■ Begleiter-
scheinun-
gen der
Kindheit

> »Denn erst jetzt begann ich zu begreifen, daß Ar-
> nold, der untote Bruder, die Hauptrolle in der Fami-
> lie spielte und mir eine Nebenrolle zugewiesen hat-
> te. Ich begriff auch, daß Arnold verantwortlich da-
> für war, daß ich von Anfang an in einer von Schuld
> und Scham vergifteten Atmosphäre aufgewachsen
> war. Vom Tag meiner Geburt an herrschte ein Ge-
> fühl von Schuld und Scham in der Familie, ohne
> daß ich wußte, warum.« (S. 17 f.)

Der Ich-Erzähler wurde in eine Atmosphäre der
Schuld und Scham hineingeboren. Er ist sich sicher:
Der verlorengegangene Bruder ist dafür verantwortlich zu machen, dass sich das Ausmaß von Schuld-
und Schamerfahrungen der Kindheit so weit steigert,
dass Spaziergänge mit den Eltern »als Schuld- und
Schamprozessionen« (S. 19) erlebt werden.

■ Verlust des
Bruders als
Ursache

Aus welchen konkreten Ereignissen oder Situationen Scham und Schuld in *Der Verlorene* resultieren,
wird mit Blick auf die Eltern verschiedentlich ange-
deutet. Für den Ich-Erzähler bleiben die verspürte
Schuld und Scham jedoch ohne konkretes Objekt. So-

mit können diese Emotionen nur erlebt, aber nicht be- oder verarbeitet werden.

Die Begriffe Schuld und Scham werden in der Erzählung zumeist im Zusammenhang genannt. Inhaltlich lassen sie sich aber, wenn auch nicht durchgehend trennscharf, voneinander abgrenzen. Schuld kann sowohl ein Urteil, d. h. eine Zuschreibung (sich schuldig gemacht haben) als auch eine innere Empfindung sein (sich schuldig fühlen). In psychologischer Hinsicht ist Schuld zu verstehen als Empfindung, die dem Begehen einer sozial, moralisch oder ggf. auch rechtlich unerwünschten Handlung folgt. Scham bezeichnet ein affektives Erleben, das auch von äußeren Übergriffen in die Intimsphäre eines Individuums hervorgerufen werden kann. Kränkungen, seelische Verletzungen und Minderungen des Selbstwertempfindens sind häufige Ursachen und Begleiterscheinungen der Scham.

Scham ist jedoch kein ausschließlich individuelles Phänomen, sondern wird von sozialen und kulturellen Konventionen einer Gemeinschaft wesentlich mitbestimmt. Scham ist eine dem Menschen ureigene Empfindung, die in ihrer jeweiligen Spezifik aber auch im Rahmen sozialer Interaktion erworben wird. Schuld und Scham können sich gegenseitig bedingen und überlagern. Häufig ruft Schulderleben auch Schamgefühle hervor. Scham kann außerdem aus Traumata resultieren, die wiederum auf belastende persönliche Erlebnisse, Gewalterleben, seelische Verletzung bzw. die Erfahrung von Handlungsunfähigkeit zurückzuführen sind.

■ Begriffliche Unterscheidung

■ Voraussetzungen für Scham

Das Schulderleben der Eltern in *Der Verlorene* hängt im Wesentlichen mit Erfahrungen zusammen, die sie in der ostpreußischen Heimat bzw. während der Flucht machten. Schuldig fühlt sich der Vater unter anderem, weil er Haus und Hof im heimatlichen Rakowiec verlassen hat: »Ein Bauer aus Rakowiec verläßt sein Haus nicht freiwillig. Wer sein Haus verläßt, der versündigt sich.« (S. 122)

■ Schuld der Eltern

Für eine historische Schuld, die der Vater eventuell auf sich geladen hat, finden sich im Text kaum konkrete Hinweise. Die textuellen Aussparungen lassen diesbezügliche Überlegungen umso dringlicher erscheinen. Wie er beispielsweise an seine Besitztümer in Ostpreußen kam, wird nicht erzählt. Es ist nicht ausgeschlossen, dass er von der Enteignungspolitik der Nationalsozialisten profitiert hat. Auch welche Rolle er als Soldat während des Krieges spielte, wird im Text nur indirekt thematisiert. Sein Respekt vor Professor Liebstedt und seine Zustimmung zu ideologisch aufgeladenen Ressentiments gegenüber Russen und Polen lassen jedenfalls auf eine gewisse Nähe zum Gedankengut des Nationalsozialismus schließen. Dieser Themenkomplex der historischen Schuld gewinnt in der Erzählung durch die rassentheoretisch fundierten Untersuchungsverfahren im Heidelberger Institut und die Berichte des Leichenwagenfahrers über die Verbrennungsöfen der Krematorien weiter an Kontur.

■ Schuld des Vaters

Die Schuldgefühle des Vaters manifestieren sich in der Erzählung vor allem in den Maßnahmen, die er zu

■ Verdrän-
gung

deren Verdrängung ergreift. Permanent kauft er teure Autos, lässt das Haus umbauen und verfolgt die geschäftliche Expansion. Durch den kompromisslosen beruflichen Aufstieg verdrängt der Vater seine Schuldgefühle.

■ Psycho-
analyse

Als ›Verdrängung‹ wird in der auf Sigmund Freud zurückgehenden Psychoanalyse ein wichtiger »Abwehrmechanismus [bezeichnet], mit dessen Hilfe Gedanken, Gefühle und Erinnerungen, die Angst auslösen, aus dem Bewusstsein gedrängt werden [...]«.[19] Durch Verdrängung findet eine Verlagerung unangenehmer oder traumatischer Erfahrung in den unbewussten Bereich der Psyche statt. Verdrängung unterbindet die bewusste Auseinandersetzung mit seelisch belastenden Erlebnissen. Das Verdrängte löst sich in Freuds Modell jedoch nicht auf, es wird nur im Bereich des Unzugänglichen, des Unbewussten ›abgelegt‹. Dort kann es weiterwirken und sich zum Beispiel in Träumen oder Ängsten artikulieren und so, ohne dass dem Individuum eine unmittelbare Zuordnung möglich ist, das Verhalten bzw. Erleben beeinflussen.

■ Symbo-
lische Ent-
sprechung
in der Er-
zählung

Freuds Theorie der Verdrängung findet in der Erzählung eine symbolische Entsprechung. Das Haus der Familie im ostwestfälischen Wohnort ist ähnlich strukturiert wie Freuds Modell der menschlichen Psyche. Einem Raum, in dem das Ich bewusst agiert, ist

19 Werner Stangl, »Verdrängung«, in: *Online Lexikon für Psychologie und Pädagogik*. lexikon.stangl.eu/657/ verdraengung/ (Stand 22. 1. 2020).

ein Bereich unterlegt, auf den kein unmittelbarer Zugriff möglich ist, das Unbewusste. Für den Ich-Erzähler hat das Haus eine ambivalente Bedeutung. Einerseits durchlebt er im Elternhaus eine von Schuld und Scham geprägte Sozialisation. Andererseits ist das Haus für ihn aber auch ein Speichermedium positiv besetzter Kindheitserinnerungen. Voller Vergnügen wandelt er durch sein »Kindheitslabyrinth« (S. 46), das schließlich jedoch dem Umbau des Hauses zum Opfer fällt:

»Es hatte mir Vergnügen gemacht, das Haus zu durchstreifen, so wie es mich vergnügte, den von Balken und Holzverstrebungen durchzogenen Dachboden aufzusuchen, meinen Zauberwald, der aber auch mein Angstort war. Der Dachboden mußte einmal als Speicher und Lagerraum gedient haben, denn er besaß eine in den Boden eingelassene Falltür [...]. Wenn ich die Falltür öffnete, konnte ich in einen Raum blicken, den ich noch nie betreten hatte und zu dem es anscheinend auch keinen anderen Zugang gab. [...] Der Raum lag tief unter mir, tiefer als das Stockwerk unterhalb des Dachbodens. [...] Ich hätte zu gern gewußt, ob es eine Tür gab, die zu dem Raum führte, aber ich wagte nicht, die Eltern danach zu fragen. Ich wagte nicht einmal, ihnen davon zu erzählen, daß ich die Falltür geöffnet und hinuntergeschaut hatte. Auch der Dachboden wurde umgebaut und zu einer Wohnetage gemacht. Der Umbau hatte mir mein Kindheitslabyrinth genommen, es begradigt, entkernt und ausgeleuchtet. [...] Natürlich war auch die Falltür verschwunden und mit ihr der einzige Zugang zu dem verborgenen Raum. Doch seltsamerweise war die Fläche unterhalb der Falltür nach dem Umbau ebenso groß wie zuvor. Kein einziger Quadratmeter war hinzugekommen, und ich glaubte fest daran, daß der Raum noch immer existierte, auch wenn er nun gänzlich unauffindbar und unbetretbar geworden war.« (S. 46 f.)

Was in dem unzugänglichen Raum verborgen liegt, der auch nach dem Umbau noch zu existieren scheint, hat der Ich-Erzähler nicht herausgefunden. Der ungebremste Veränderungswille des Vaters lässt vermuten, dass er sich durch den Radikalumbau des Hauses seiner Erinnerungen, die dem Gebäude anhaften, entledigen möchte: »Er tat dies [den Umbau] so gründlich, daß das neue Haus in nichts mehr dem alten glich« (S. 46). Die Veränderung des Hauses kann vor dem Hintergrund des Freud'schen Modells als Verdrängungsakt des Vaters gedeutet werden. Das Haus ist mit Erinnerungen, Erfahrungen und Sehnsüchten verknüpft, die durch den Umbau aus dem Bewusstsein gedrängt werden sollen. Doch dies gelingt nicht vollständig. Vom alten Haus bleibt etwas erhalten. Im unzugänglichen Raum ist das Verdrängte eingelagert und dringt in der Form von Schuld- und Schamgefühlen wieder an die Oberfläche.

Die Scham- und Schuldempfindungen der Mutter haben ihren Ursprung ebenfalls in der Zeit der Flucht. Da das »Schreckliche«, das der Mutter widerfuhr, als sie aus dem Treck ausgesondert wurde, nicht der Tod war, ist sie davon überzeugt, den Sohn »voreilig« (S. 16) fortgegeben zu haben. Hier ist der Kristallisationspunkt der mütterlichen Schuld zu verorten. Der Verlust des Sohnes ereignete sich – so beurteilt es die Mutter rückblickend – durch ihre Fehleinschätzung der Situation. Natürlich konnte die Mutter damals nicht wissen, dass ihr Mann und sie die Situation überleben würden. Insofern ist ihr objektiv keine Schuld vorzuwerfen. Zu einer solch rationalen Beurteilung ist die Mutter jedoch nicht in der Lage.

■ Scham und Schuld der Mutter

■ Fehleinschätzung

Der Verlust des Sohnes ist allerdings nur ein Teil des Traumas, das die Mutter fortan zu verdrängen sucht. Denn das Schreckliche »ist dann doch passiert« (S. 16). In der Erzählung wird das »Schreckliche« zwar nicht konkret benannt, ist jedoch unschwer als eine Vergewaltigung der Mutter durch die russischen Soldaten zu dechiffrieren. Die Mutter erlebt somit in mehrfacher Hinsicht eine schwere Traumatisierung: sowohl durch den Verlust des Sohnes als auch durch die Erfahrung sexueller Gewalt.

■ Trauma der Mutter

Die seelischen Verletzungen, die die Mutter davonträgt, wirken lange nach. Dadurch, dass ihr Mann die Vergewaltigung eventuell mit ansehen musste, wird er zum Teil des Traumas. Scham und Schuld bilden nunmehr die Rahmenbedingungen des weiteren Lebens der Mutter: In der Erzählung wird das an mehre-

■ Fortwirken der Scham

ren Stellen deutlich: Intimität ist für die Mutter fortan mit Scham besetzt. Zwischen dem Vater und ihr beobachtet der Ich-Erzähler nur wenige Gesten der Zärtlichkeit. Auch andere Momente des Glücks zuzulassen, gelingt ihr nicht. Selbst als Herr Rudolph, der als Partner geeignet erscheint, nach dem Tod des Vaters um ihre Hand anhält, kündigt sie an, den Heiratsantrag abzulehnen.

Schweigen als Verdrängung

Verdrängung glückt der Mutter nur, wenn sie schweigt: Schweigen ist das einzige Mittel, die Vergangenheit auf Distanz zu halten. Das Schweigen wird unterstützt von der gesellschaftlich weit verbreiteten Prüderie, die ein Reden über Sexualität oder gar über die Erfahrung sexueller Gewalt in den 1950er Jahren nahezu ausschloss. Emotional bleiben der Verlust Arnolds und das »Schreckliche« (S. 16) aber jederzeit präsent. Dass ihr jüngster Sohn unter der Kommunikationsverweigerung leidet, nimmt die Mutter in Kauf.

Die Eltern gehen mit Schuld und Scham unterschiedlich um. Die eine schweigt, der andere flieht in die Arbeit. Von etwaiger historischer Schuld wollen beide nichts wissen: Noch nach dem Tod des Vaters beklagt die Mutter sich bei Herrn Rudolph über den nicht zugestandenen Lastenausgleich, eine finanzielle Entschädigung von Menschen, die durch Krieg und Vertreibung wirtschaftliche Verluste erlitten: »›Die Entscheidung über den Lastenausgleich‹, sagte Herr Rudolph, ›hat die Mutter bis heute nicht verwunden. Doch nicht wegen des Geldes, sondern wegen der

Gerechtigkeit. Deiner Mutter geht Gerechtigkeit über alles.‹« (S. 164)

Wenn man von einer gemeinsamen Schuld der Eltern sprechen möchte, dann ist diese in ihrem Verhalten dem jüngeren Sohn gegenüber zu erkennen. Sie können ihn nicht lieben wie den verlorenen Bruder. Die Aufmerksamkeit der Mutter gilt ganz der Suche nach Arnold; der Vater verfolgt den beruflichen Aufstieg. Der Ich-Erzähler bleibt von der Familie isoliert und gilt den Eltern vor allem als Zeichen für den Verlust des Bruders: »Ich war nur das, was sie [die Mutter] nicht hatte.« (S. 140)

■ Gemeinsame Schuld der Eltern

Die Konsequenzen für den Ich-Erzähler sind jedoch unabhängig vom spezifischen Umgang der Eltern mit Scham und Schuld dieselben: Das Schuld- und Schamempfinden der Eltern wird durch die familiäre Interaktion auf den jüngsten Sohn übertragen. Diese generationsübergreifend problematische Dynamik von Schuld- und Schamempfinden, Verdrängungsversuchen und Schweigen fand in vielen Familien der Nachkriegszeit statt.

■ Konsequenzen für den Ich-Erzähler

In den späten 1960er Jahren entwickelte sich aus dieser Konstellation zunehmend ein Konflikt zwischen den Generationen. Das Schweigen der Eltern, vor allem der Väter, über den Krieg wurde nicht mehr akzeptiert. Über das Schicksal vieler Frauen, für die die Figur der Mutter in *Der Verlorene* exemplarisch steht, wurde hingegen erst wesentlich später öffentlich gesprochen.

■ Gesellschaftliche Debatten: 1968er

Mythos, biblisches Gleichnis, literarische Traditionen

Hans-Ulrich Treichel erzählt in *Der Verlorene* eine Geschichte, die sich trotz weniger ganz konkreter Informationen zu Handlungszeit und -ort recht genau in einen realhistorischen Kontext einordnen lässt. Die thematische Fokussierung der Flucht aus Ostpreußen im Jahr 1945 und des Lebens in der neuen ostwestfälischen Heimat macht Treichels Text zu einer Erzählung über das transgenerationale Nachwirken von Krieg und Vertreibung in der BRD der 1950er Jahre.

Die Namenlosigkeit des Ich-Erzählers und der Mutter deutet an, dass das Erzählte nicht nur einzelne Personen betrifft. *Der Verlorene* erzählt von Ereignissen, die von vielen erlebt wurden und die das kollektive Bewusstsein, d. h. die geteilten Erfahrungen, Überzeugungen und Werte, der Kriegs- und Nachkriegsgeneration formten. Zur übergreifenden Bedeutung des Erzählgeschehens tragen auch die zahlreichen Bezüge zu mythischen und biblischen Stoffen und Figuren sowie literarischen Traditionen bei, die im Text zu finden sind.

■ Themen von Tragweite

Verluste, Familienkonflikte oder Streitigkeiten zwischen Geschwistern sind Themen, die schon in der antiken Literatur ausführlich verhandelt und gestaltet wurden. Von Neid und Missgunst geplagte Brüderpaare treten bereits in Erzählungen über Romolus und Remus oder über Kain und Abel auf. An-

dere Leitmotive in Treichels Erzählung stehen ebenfalls in Verbindung mit mythischen, religiösen oder
literarischen Stoffen. Das Schweinekopfessen in *Der
Verlorene* trägt beispielsweise Züge ritueller Speisun-
gen, wie sie aus religiösen Erzählungen bekannt sind.
Die Selbstbezogenheit des Ich-Erzählers angesichts
der wachsenden Bedrohung durch den eventuell doch
noch heimkehrenden Bruder und die vielen erzählerischen Momente der Spiegelung lassen an den Mythos
des Narziss denken.

■ Mythisches

In Besprechungen und Kommentaren wurde auch
auf die bereits im Titel der Erzählung angelegte Verbindung zum biblischen Gleichnis vom verlorenen
Sohn aus dem Lukasevangelium hingewiesen.[20] Es
handelt sich um eines von insgesamt drei von Jesus
erzählten Gleichnissen, das von einem Vater und seinen zwei Söhnen berichtet. Der jüngere Sohn ver-
langt von seinem Vater, dass dieser ihm sein Erbe aus-
zahlt und zieht sogleich fort ins Ausland. Dort verlebt
er gedankenlos sein Geld, verarmt und muss als
Schweinehirte arbeiten. Hungernd und reumütig
kehrt er zu seinem Vater zurück, bekennt seine Ver-
fehlungen und will um eine Anstellung als Tagelöh-
ner bitten. Doch der Vater ist so glücklich über die
Rückkehr seines Sohnes, dass er ihn sofort wieder
aufnimmt und ein großes Fest veranstaltet: »Bringt
das Mastkalb her und schlachtet es; wir wollen essen
und fröhlich sein.«[21] Daraufhin wird der ältere Sohn,

■ Biblisches
Gleichnis

20 Krätzer (s. Anm.), S. 162.
21 »Gleichnis vom verlorenen Sohn«, Neues Testament, Lukas

der sein Leben lang beim Vater gearbeitet hat, aber noch nie mit einem Fest gewürdigt wurde, zornig und beklagt sich. Der Vater entgegnet ihm:

>»Mein Kind, du bist immer bei mir und alles, was mein ist, ist auch dein. Aber man muss doch ein Fest feiern und sich freuen; denn dieser, dein Bruder, war tot und lebt wieder; er war verloren und ist wiedergefunden worden.«[22]

Treichels Anleihe beim biblischen Gleichnis vom verlorenen Sohn ist keine einfache Übernahme. Der Literaturwissenschaftler Jürgen Krätzer interpretiert den Bezug zur biblischen Erzählung als Form des negativen Zitierens und hebt die Transformation hervor, die der Stoff beim Eingang in Treichels Erzählung erfährt:

■ Literarische Transformation

>»Der in der Bibel daheimgebliebene Sohn, namenlos wie Treichels Ich-Erzähler, ist traurig und wütend über ein ihm vom Vater bis dato verwehrtes Fröhlichsein, er bleibt dem Willkommens- und Schlachtfest fern. Jenes Fröhlichsein wird auch dem Sohn im *Verlorenen* verwehrt, er aber muss den Festen beiwohnen und wird mit den Schweinekopf- und Schweineblutvarianten kulinarisch tyrannisiert. Das in der Bibel erzählte Geschehen

15,31, zitiert nach: www.bibleserver.com/EU/Lukas15%2C31 (Stand: 22. 01. 2020).
22 Ebd.

wird im *Verlorenen* gleichsam negativ zitiert: Im Gleichnis vom verlorenen Sohn gibt es abenteuerlustiges Fernweh, ein ausgezahltes Erbe, das Prassen in der Fremde sowie des verlorenen Sohnes Heimkehr. Der Verlorene bei Treichel verlässt weder die Heimat noch die Eltern freiwillig, nichts, noch nicht einmal sein Name konnte ihm mitgeteilt werden, vom Hunger auf der Flucht wird erzählt, der Sohn bleibt so verloren wie die Heimat. Die den verbliebenen Sohn quälenden Essensrituale von Schweine(!)fleisch ersetzen sowohl die bäuerlichen Schlachtfeste der einstigen Elternheimat als auch das biblische Willkommensfest für den verlorenen Sohn.«[23]

Treichels Erzählung steht in einer breiten Tradition unterschiedlichster Texte. Diese intertextuelle Einbettung der Geschichte verleiht dem Erzählgeschehen verschiedene Deutungsebenen, die unterschiedliche Lesarten erlauben. Diese ästhetische ›Überformung‹ eines autobiografisch fundierten Stoffes, den Treichel in mehreren Erzählungen und Romanen immer wieder aufs Neue umkreist, sollte als Hinweis verstanden werden, dass *Der Verlorene* wesentlich mehr ist als ein (auto-)biografisches Protokoll des Autors.

■ Intertextualität

23 Krätzer (s. Anm. 5), S. 161 f.

7. Autor und Zeit

Hans-Ulrich Treichel wurde am 12. August 1952 in der westfälischen Stadt Versmold geboren. Seine Eltern ließen sich nach der Flucht aus Ostpreußen dort nieder und betrieben einen Laden für Tabakwaren, den sie im Laufe der Zeit bis zum Großhandel ausbauten. Treichel besuchte in Versmold, Schlüchtern und Hanau die Schule.

■ Studium der Germanistik

1972 ging er nach Berlin, um an der Freien Universität Germanistik zu studieren. Die Erste Staatsprüfung für die Unterrichtsfächer Deutsch und Sozialkunde legte er 1979 ab. Die ersten literarischen Texte, die Treichel in diesen Jahren veröffentlichte, waren Gedichte.

■ Lyrik als literarisches Debüt

Ein erster Lyrikband, an dem er als Herausgeber und Autor mitwirkte, erschien 1977, eigene Gedichtanthologien 1978 (*Nicht ewig auch unbelehrbar*) und 1979 (*Ein Restposten Zukunft*). In den 1980er Jahren begann Treichel damit, Opernlibretti zu schreiben. Ein Anstoß dazu ging von einer Begegnung mit dem Komponisten Hans Werner Henze aus. Parallel zum literarischen Schreiben verfolgte Treichel sein

■ Literaturwissenschaft

wissenschaftliches Interesse an der deutschen Literatur und ihrer Geschichte weiter.

1983 promovierte er mit einer Arbeit zum Autor Wolfgang Koeppen. Seinem akademischen Interesse an der Literatur ging er als wissenschaftlicher Mitarbeiter am Fachbereich Germanistik der Freien Universität Berlin weiter nach und habilitierte sich 1993 mit einer Untersuchung zur Literatur der Moderne.

Treichels Lebensweg hatte sich zu diesem Zeitpunkt schon längst zweigleisig entwickelt: Er ist Literaturwissenschaftler und literarischer Autor zugleich, wobei sich beide Bereiche zunehmend durchdringen. Dies zeigt sich z. B. mit Blick auf die Erzählung *Der Verlorene* und Treichels Habilitationsschrift, in der er Verfahren der »Auslöschung«[24] in der modernen Literatur untersucht. Der Ich-Erzähler in *Der Verlorene* hat ebenfalls mit der ›ausgelöschten‹ Vergangenheit seiner Eltern und einer drohenden ›Auslöschung‹ seiner Identität zu kämpfen. Einiges in der Gestaltung der Erzählung erinnert zudem an die Werke Thomas Bernhards, die in Treichels Habilitation ebenfalls eine Rolle spielen.

■ Doppelexistenz

1995 wurde Treichel als Professor an das Deutsche Literaturinstitut der Universität Leipzig berufen, an dem er bis 2018 lehrte. Bei Treichel studierten Autorinnen und Autoren, die sich in der deutschsprachigen Gegenwartsliteratur der letzten Jahre einen Namen gemacht haben: Juli Zeh, Clemens Meyer oder Saša Stanišić gehören dazu. Der Durchbruch als Schriftsteller gelang Treichel 1998 mit der längeren Erzählung *Der Verlorene*, die den Auftakt für eine Reihe weiterer Texte bilden sollte, in denen die wesentlichen Themen – Leere der Kindheit, die Vergangenheit der Eltern, das Schicksal des verlorengegangenen Bruders – variiert wurden.

■ Deutsches Literaturinstitut

Wie aber kam es dazu, dass aus dem Lyriker, der

---

24 Treichel (s. Anm. 17).

Abb. 7: Hans-Ulrich Treichel – Fotograf: André Karwath (Aka)
CC BY-SA 2.5

■ Von der
Lyrik zur
Prosa

Treichel in den 1980er Jahren war, einer der wichtigen Prosaautoren der deutschsprachigen Gegenwartsliteratur wurde? Auskunft darüber gibt Treichel in seinen Frankfurter Vorlesungen *Der Entwurf des Autors*, die er im Jahr 2000 im Rahmen einer Poetikdozentur hielt.

■ Langeweile
in Rom

1988 erhielt Treichel ein Stipendium für die Villa Massimo in Rom. Die Bundesrepublik ermöglicht es mit diesem Stipendium herausragenden Autorinnen und Autoren, Künstlerinnen und Künstlern, frei von finanziellem Druck und anderen Verpflichtungen zu arbeiten. In dieser reizvollen Umgebung wurde Treichel von einer Schreibblockade gepackt und langweilte sich fürchterlich: »Die Tage in der Villa Massimo waren wie die niemals endenden ostwestfälischen Nachmittage.«[25] Diese Mischung aus Langeweile und Kindheitserinnerungen gab den Impuls für die ersten Prosasätze, die in gewisser Weise ein Vorspiel für die Erzählung *Der Verlorene* bilden.

»An einem dieser gleichsam in das Zeitgrab gefallenen Sonntage habe ich mich denn auch, dem Sog der Zeitleere ebenso wie dem der Familienphantasie widerstrebend, an den Schreibtisch gesetzt und den ersten (für mich ernst zu nehmenden) Prosasatz meines Lebens geschrieben. Er lautete: ›Der Ort, an dem ich geboren wurde und der einmal als ‚Die Stadt der Würste und Schinken‘ in die Geschichte Ostwestfalens eingehen wird, war für mich nichts anderes als eine trübsinnige Ansammlung von Zweifamilienhäusern und Umgehungsstraßen, von Möbelgeschäften und Fleischereien.‹ Auf diesen Satz folgten weitere Sätze und am Ende eine Reihe von Erzählungen, aus denen wiederum mein erster Erzählungsband wurde.«[26]

25 Treichel (s. Anm. 10), S. 102.
26 Ebd., S. 103 f.

In den Vorlesungen beschreibt Treichel nicht nur seine Entwicklung als Autor, er informiert auch über die literaturtheoretischen Grundlagen seines Schreibens. Er macht dabei deutlich, dass die autobiografischen Bezüge, die sich in seinen Texten finden, nicht missverstanden werden dürfen. Treichels Texte stellen keine Faktenprotokolle des eigenen Lebens dar.

■ Literatur-
theore-
tisches
Fundament

Vielmehr gewinnt Treichel aus seinen Erfahrungen Schreibanstöße und Fragen, schöpft Material und Kontexte, die dann im Raum des Fiktionalen spielerisch durchgearbeitet, neu geordnet und arrangiert werden. Durch poetische Transformation entsteht aus Treichels Leben Literatur. Hier klingt die grundsätzliche Frage nach der Bedeutung des Autors für das Verstehen literarischer Texte an, die in der Literaturwissenschaft kontrovers diskutiert wird. Vom ›Tod‹ des Autors ist hier ebenso die Rede wie von seiner Rückkehr.[27] Diese Diskussionen greift der Literaturwissenschaftler und Schriftsteller Treichel in seinen Vorlesungen auf und bezieht Position.

■ Differenz
von Autor
und Er-
zähler

Für das Verstehen der Texte Treichels sind diese Überlegungen von Belang, denn die für ihn typische Nähe von Literatur und der Biografie des Autors kann die Leserinnen und Leser zur vorschnellen Gleichsetzung von Erzähler und Autor verleiten. Der Ich-Erzähler in *Der Verlorene* hat zweifellos manches mit dem Autor Treichel gemein, identisch sind sie jedoch keinesfalls. Die Reise nach Heidelberg und die schmerz-

---

27 Fotis Jannidis [u. a.] (Hrsg.), *Rückkehr des Autors. Zur Erneuerung eines umstrittenen Begriffs*, Tübingen 1999.

haften Vermessungen zum Beispiel, von denen die Erzählung berichtet, hat Treichel selbst nie erlebt. Stattdessen bietet *Der Verlorene* vielmehr Antworten auf
die Frage »Wie hätte es sein können?«.

Bis heute erscheinen lyrische Arbeiten von Trei- ■ Lyrik
chel. Das Spektrum von Treichels Lyrik ist breit, es
reicht von *Stadtansichten* (1977) bis zu *Liebesgedichten*
(2009). In einigen lyrischen Texten verarbeitet Treichel Themen und Motive, die in *Der Verlorene* erzählerisch ausgeführt werden. So formuliert er zum Beispiel im Gedicht *Ich, der Vertriebene* (2002) den
Wunsch nach einem Ende des Schweigens über die
Vergangenheit.

In den zurückliegenden 30 Jahren hat sich Treichel
aber stärker dem Schreiben erzählender Literatur ge-
widmet, weshalb er einem breiten Lesepublikum vor
allem als Prosaautor bekannt ist.

Von Leib und Seele. Berichte (1992): In diesem
ersten, gut 80 Seiten umfassenden Prosaband reiht ■ *Von Leib*
Treichel acht Erzählstücke aneinander, die als »Berich- *und Seele*
te« bezeichnet werden. Ein Ich-Erzähler berichtet von
der Heimat, den Eltern, Psychotherapien sowie Uni-
versitäts- und Familienbesuchen. All dies trägt jedoch
nicht dazu bei, dass die existenziellen Fragen des Erzählers zu einer befriedigenden Klärung kommen.

**Heimatkunde oder Alles ist heiter und edel.
Besichtigungen (1996):** In diesem Band wechselt ■ *Heimat-*
Treichel von der Form des »Berichts« zur »Besichti- *kunde*
gung« und schreibt wiederum über seine Kindheit,
Jugend und Studienzeit sowie erste berufliche Erfah-

rungen. Hinzukommen Schilderungen diverser Reisen, die an die Absurditäten des Alltags heranführen.

■ *Tristan-akkord*

Tristanakkord (2000): Der Literaturwissenschaftler Georg Zimmer, der an seiner Doktorarbeit schreibt, aber ansonsten ein wenig aufregendes Leben führt, kommt im Roman *Tristanakkord* mit der glamourösen Szene der klassischen Musik in Berührung. Er soll das Manuskript der Autobiografie des berühmten Komponisten Bergmann korrigieren, reist ihm dafür durch die Welt hinterher und lernt ihn so als Menschen kennen, der seine Umwelt rückhaltlos für seine Projekte ausnutzt. Zimmer leidet schwer daran, dass er der großen Welt der Kunst aufgrund seiner Herkunft aus der Provinz nicht gerecht werden kann.

■ *Der irdische Amor*

Der irdische Amor (2002): Der junge, von sexuellem Verlangen getriebene Kunststudent Albert verliebt sich im Berliner Tiergarten in die schöne, aber schweigsame Elena. Die beiden kommen sich näher und Albert zieht mit Elena in ihre Heimat Sardinien. Dort wird Albert von der Beziehung desillusioniert und beginnt, von einer Kieler Geologiestudentin zu träumen. Nach einer letzten gemeinsamen Nacht mit Elena kehrt Albert in seine Heimat zurück.

■ *Menschen-flug*

Menschenflug (2005): Der Roman *Menschenflug* ist der erste von mehreren Texten, die die Handlung der Erzählung *Der Verlorene* aufgreifen, aus anderer Perspektive beleuchten und weiterspinnen. Im Zentrum des Romans steht der Wissenschaftler Stephan, der sich, von Herzschmerzen und Midlife-Crisis geplagt, eine Auszeit von der Familie nimmt. Den gewonnenen Freiraum nutzt er, um der Frage nachzugehen, was aus dem verlorengegangenen Bruder geworden ist. Über den Vermissten hat Stephan vor einiger Zeit ein Buch geschrieben, das er auf Lesereisen präsentiert. Ablenkung sucht Stephan auf einer Ägyptenreise und findet schließlich einen Mann, der sein verschollener Bruder sein könnte. Die beiden älteren Schwestern des Erzählers verhindern jedoch eine abschließende Klärung der Verwandtschaftsfrage. Der Roman wiederholt Schlüsselstellen aus *Der Verlorene* und reflektiert die erfolgreiche Rezeption der Erzählung. *Menschenflug* endet damit, dass der Erzähler Stephan mit Herzproblemen zusammenbricht.

Der Papst, den ich gekannt habe. Erzählung (2007): In dieser Erzählung führt Treichel einen monologisierenden Ich-Erzähler vor, der bereits so manches erlebt hat und vieles beherrscht. Angeblich lehrt er als Professor an zwei verschiedenen Universitäten in unterschiedlichen Fachbereichen, ist mit einer amerikanischen Kunsthändlerin zusammen, ist außerdem Tiermediziner, betreibt eine Galerie in New York und vieles mehr. Ob der Ich-Erzähler ein pathologischer Hochstapler oder ein tragikomischer Anti-Held ist, lässt die Erzählung offen.

■ *Der Papst, den ich gekannt habe*

Anatolin (2008): Der Roman ist der zweite Text, der auf *Der Verlorene* anspielt. Der Erzähler begibt sich auf eine Reise in die Heimat seiner Mutter und versucht dort, der eigenen Vergangenheit auf die Spur zu kommen. Auch vom Gentest, den Treichel

■ *Anatolin*

in der Realität tatsächlich durchführte, um die Verwandtschaft mit dem Findelkind 2307 zu bestätigen, wird berichtet.

■ Grunewald-
see

Grunewaldsee (2010): Im Roman *Grunewaldsee* zeichnet Treichel das studentische Milieu im West-Berlin der 1980er Jahren nach, das er aus eigener Erfahrung kennt. Der Anti-Held Paul wartet auf einen Platz fürs Referendariat, arbeitet zur Überbrückung ein Semester in Malaga als Sprachlehrer und lernt dort María kennen. Es entwickelt sich eine leidenschaftliche Liebesgeschichte, die jedoch zunächst dadurch getrübt wird, dass die schöne María verheiratet und von ihrem Ehemann schwanger ist. Der Roman erzählt vom Widerspruch zwischen Wunsch und Wirklichkeit, den der junge Paul am eigenen Leib erlebt.

■ Mein
Sardinien

Mein Sardinien. Eine Liebesgeschichte (2012): Der nur als »Liebesgeschichte« gekennzeichnete Prosatext greift Versatzstücke der Romane *Tristanakkord* und *Grunewaldsee* auf. Der sich nach Italien sehnende Ich-Erzähler, der an die Figur Georg Zimmer aus *Tristanakkord* erinnert, schreibt eine Doktorarbeit über Wolfgang Koeppens Sardinienbild. In einer Bar lernt er die Südsardin Christina kennen, der er später in ihre Heimat folgt.

■ Frühe
Störung

Frühe Störung (2014): Der Ich-Erzähler in *Frühe Störung* schreibt recht erfolglos Reiseführer und kann die quälende Bindung an seine Mutter nicht auflösen. Ihn plagt das schlechte Gewissen, weil er meint, sich nicht genug um die krebskranke Mutter gekümmert zu haben. Von den Gedanken an die Mutter kann er sich weder durch Psychoanalyse noch durch zahlreiche Reisen befreien.

Tagesanbruch (2016): Eine alte Frau sitzt am Bett ihres toten Sohns und erzählt, bis sein Leichnam im Morgengrauen abgeholt wird. Die Erzählung ist der dritte Text, der Elemente der Erzählung *Der Verlorene* aufnimmt. Die Mutter aus *Tagesanbruch* könnte die Mutter des Ich-Erzählers aus *Der Verlorene* sein. Erst nach dem Tod des Sohnes kann sie sich von der Seele reden, was damals auf der Flucht geschah. Russische Soldaten haben sie in Gegenwart des Ehemannes vergewaltigt. Die Erlebnisse der Flucht verfolgen die Eheleute bis in die neue Heimat. Sie wissen nicht, ob der Sohn, der nach der Flucht geboren wurde, ihr gemeinsames Kind ist. Der Roman bietet eine Füllung der Leerstelle an, die in *Der Verlorene* durch das »Schreckliche« markiert ist.

■ *Tagesanbruch*

Treichels literarisches Schreiben weist etliche thematische, stilistische und erzählerische Kontinuitäten auf. Themen wie Kindheit, Eltern, Heimat oder Schweigen, aber auch die Sehnsucht nach dem Süden werden immer wieder aufs Neue erzählerisch umkreist. Ebenso typisch ist Treichels Sympathie für männliche Antihelden, die durch das Erleben des Widerspruchs zwischen ihren drängenden existenziellen Bedürfnissen und deren realitätsbedingter Nichterfüllung gezeichnet sind. Schließlich ist auf den ironischen Grundton und die Komik von Treichels Erzählen hinzuweisen. Mit seiner häufig einfach er-

■ Kontinuitäten in Treichels Werk

scheinenden, wiederholungsreichen Sprache kehrt Treichel die Absurditäten des Alltags eindrucksvoll hervor.

Für sein literarisches Werk wurde Treichel vielfach ausgezeichnet. Er erhielt unter anderem den Leonce-und-Lena-Preis (1985), den Annette-von-Droste-Hülshoff-Preis (2003), den Hermann-Hesse-Preis (2005), den Deutschen Kritikerpreis (2006) und den Preis der Frankfurter Anthologie (2007).

■ Auszeich-
nungen

8. Rezeption

Der Verlorene ist Hans-Ulrich Treichels bislang erfolgreichste literarische Veröffentlichung. Die 1998 im Suhrkamp Verlag erschienene Erzählung liegt mittlerweile in der bereits 17. Taschenbuchauflage vor und wurde in verschiedene Sprachen übersetzt. Nach der Erstveröffentlichung erschienen zustimmende Kritiken in allen größeren Feuilletons. Rezensionen auf Internetportalen, im Radio oder in TV-Literatursendungen folgten.

■ Rezensionen

Gerhard Schulz lobt in der *FAZ* die Fähigkeit des Autors zur genauen Beobachtung und präzisen Formulierung, die ganz verschiedene Rezeptionserfahrungen ermögliche: »Diese Geschichte vom verlorenen Sohn, die Hans-Ulrich Treichel erzählt, ist traurig, komisch, makaber, amüsant, beklemmend, banal, eine unerhörte Begebenheit und ein kleines Meisterwerk.«[28] Nicht nur bei Schulz klingt die Überraschung über das erzählerische Vermögen Treichels an, der bislang vor allem als Lyriker reüssierte. Hinzu kommt, dass Treichels Erzählen gänzlich ungetrübt sei vom Ballast des akademischen Gestus', der von einem Literaturwissenschaftler womöglich zu erwarten wäre.

»Treichel hat sich mit Untersuchungen zur Literatur und Poetik der Moderne habilitiert, was natürlich die Frage herausfordert, ob sich womöglich der

28 Schulz (s. Anm. 6).

Geist als Widersacher der Seele, die Wissenschaft als Widersacher der Literatur aufspielt. Man mag irgendwo einmal den Ton Thomas Bernhards wiedererkennen, über den Treichel geschrieben hat, aber Professorenliteratur ist das nicht. Treichels Erzählung ist ein kleines Kunstwerk von erstaunlichem Reichtum der Perspektiven und Lesemöglichkeiten.«[29]

■ Der Einfluss Thomas Bernhards

Der hier angesprochene Einfluss der Prosa Thomas Bernhards wird auch von anderen Kritikern bemerkt. So schreibt z. B. Lutz Hagestedt, dass sich »die monomanischen Sprechakte des Erzählers […] bisweilen in beinahe Bernhardschen Suaden [entladen], und sie […] der formale Ausdruck seiner Entschlossenheit, sich im Windschatten des Interesses gegen das Bruderphantom zu behaupten [, sind]«.[30] Volker Hage begrüßt vor allem die erzählerische Aufarbeitung eines zum damaligen Zeitpunkt noch weithin tabuisierten Themenbereichs:

»Das Buch *Der Verlorene*, die genaue und sensible Erkundung eines bislang weitgehend tabuierten Erzählterrains – der Traumata der Flucht als Folge des verlorenen Krieges –, weist ohne jeden Fingerzeig über das individuelle Schicksal dieses einen Falles hinaus. Wie der Schock hier zunächst im Familiengeheimnis versiegelt wird, wie das stillschweigend

29 Ebd.
30 Hagestedt (s. Anm. 9).

Erlittene Energien für den wirtschaftlichen Aufstieg freisetzt, um dann doch an die Oberfläche zu kommen – das ist in Treichels Erzählung mustergültig Bild geworden.«[31]

Kritisch gesehen wurde hingegen eine gewisse stilistische Eintönigkeit und dass Treichels Erzählung »in der zweiten Hälfte [...] ein wenig an Dichte [verliert]«.

»Treichel konzentriert sich auf Umstände und Ergebnisse der zweiten erbbiologischen Untersuchung. [...] Gegenüber diesen lustvoll ausgestellten Absurditäten treten die faszinierenden Details ein wenig zurück, die immer wieder an eine Mentalitätsgeschichte der 50er Jahre denken lassen.«[32]

Der Regisseur Boris von Poser brachte 2003 eine dramatisierte Fassung von Treichels Erzählung mit dem Theaterensemble *NachTrauM* in den Berliner Sophiensälen zur Uraufführung. Poser brach in seiner Adaption die monologische Struktur der Erzählung

■ Dramatisierung

31 Volker Hage, »Auf der Suche nach Arnold. Der Schriftsteller Hans-Ulrich Treichel erzählt vom Trauma einer deutschen Nachkriegsfamilie, die auf der Flucht aus Ostpreußen ein Kind verloren hat – eine Geschichte mit realem Hintergrund«, in: *Der Spiegel* 13 (23. 3. 1998). www.spiegel.de/spiegel/print/d-7852006.html (Stand: 22. 1. 2020).
32 Jörg Plath, »Der Verlorene«, in: *Deutsche Welle* (6. 6. 2008). https://web.archive.org/web/20080606232618/http://www.dw-world.de/dw/article/0,2144,100140,00.html (Stand: 22. 1. 2020).

für die Theaterbühne auf und legte den Fokus stärker auf die familieninterne Dynamik.

> »Die Geschichte, wenn man sie liest, ist untheatralisch. Posers entscheidender Eingriff besteht darin, dass neben der berichtenden Einzelfigur nun auch weitere Personen, Vater und Mutter, erzählerisch in Erscheinung treten. Wer das Buch gelesen hat, wird den an Thomas Bernhard geschulten Litanei- und Wiederholungs-Klang vermissen. […] Die Aufführung gibt weniger das damalige Klima im provinziellen Fleischer-Milieu wieder und versucht auch nicht, hinter den verrückten Schädelvermessungen in der Praxis eines Heidelberger ›Erbbiologen‹ Nachwirkungen nazistischer ›Rassenkunde‹ sichtbar zu machen. Umso stärker wird in Sprache und Spiel die familiäre Groteske gesucht. Es regiert der mütterliche Wahnsinn bei der Suche nach dem verlorenen Knaben.«[33]

■ Verfilmung Im Dezember 2015 wird eine filmische Adaption der Erzählung in der ARD ausgestrahlt. Das Drehbuch für die Verfilmung schrieb Ruth Toma, Regie führte Matti Geschonneck. Dass unter einer Literaturverfilmung mehr zu verstehen ist als die Übersetzung eines literarischen Textes in ein audiovisuelles Medium, zeigt

33 Peter Hans Göpfert, »Bruderliebe mit Schweinskopf«, in: *Berliner Morgenpost*, 30. 8. 2003. www.morgenpost.de/printarchiv/kultur/article102415547/Bruderliebe-mit-Schweinskopf.html (Stand: 22. 1. 2020).

die filmische Adaption der Erzählung Treichels schon durch ihren veränderten Titel. *Der verlorene Bruder* lautet der Titel des Films. Hier wird ergänzt und festgelegt, was die Erzählung im Titel offenlässt.

Aber auch darüber hinaus wird die Erzählung für das Drehbuch deutlich umgearbeitet. So lässt sich der ■ **Drehbuch** bei Treichel namenlose Ich-Erzähler nun ganz konkret ansprechen: Max Blaschke heißt der Knabe (Noah Kraus), der mit seinem Vater Ludwig (Charly Hübner) und seiner Mutter Elisabeth (Katharina Lorenz) in der Stadt Versmold aufwächst. Anders als in der Erzählung erfährt man viel über das Leben des Erzählers außerhalb des elterlichen Hauses. Um zu verhindern, dass bald ein neuer Bruder ins Haus einzieht, handelt Max beherzt: Für das Hinterkopffoto besticht er einen Kameraden, der seinen Kopf in die Kamera hält, und die Bremsleitung des väterlichen Autos wird prompt durchschnitten, um die Reise nach Heidelberg zu verhindern. Die Verfilmung rief eine ausgesprochen positive Resonanz hervor und bescherte der ARD beste Einschaltquoten. Lob fand die filmische Adaption vor allem, weil sie die tragikomischen Momente der literarischen Vorlage deutlich herausarbeitet:

>»[Ruth] Toma strukturiert die Handlung episodisch und nach einem mehrfach wiederkehrenden Muster: Elisabeth macht sich Hoffnungen, Max macht sich Sorgen und sinnt nach Auswegen, Ludwig macht gute Stimmung und versucht, seine Frau mit

immer wieder neuen Anschaffungen zu trösten. Auf diese Weise vermittelt der Film die Aufbruchsstimmung jener Jahre […]. Der mehrfache Grimme-Preisträger Matti Geschonneck setzt Tomas Drehbuch mit genau der richtigen Mischung aus leichter Beschwingtheit, melancholischer Heiterkeit und nötigem Ernst um […].«[34]

Der Film ist als DVD und Download verfügbar. Das im Internet zugängliche Pressematerial liefert wichtige Hintergrundinformationen zur Verfilmung.[35]

■ Schul-
lektüre

Mehr als zwanzig Jahre nach seiner Erstveröffentlichung findet die Erzählung *Der Verlorene* auch im Deutschunterricht Aufmerksamkeit und ist Pflichtlektüre für das Abitur. Die Zahl der Interpretationen und Erklär-Videos im Internet, der Unterrichtshandreichungen in gedruckter und digitaler Form und anderer Materialien ist deshalb sprunghaft angestiegen. Schon einige Jahre zuvor hat die Literaturwissenschaft[36] die Erzählung entdeckt und als wichtigen Text der Gegenwartsliteratur kommentiert.

---

34 Tilmann P. Gangloff, »Der verlorene Bruder«, in: *Frankfurter Rundschau* (9. 12. 2015) www.fr.de/kultur/tv-kino/dein-mein-ganzes-herz-11155998.html (Stand: 22. 1. 2020).

35 presse.wdr.de/plounge/tv/das_erste/2015/11/_pdf/Der_verlorene_Bruder.pdf

36 Vgl. z. B. Achim Geisenhanslüke: »Geschichte und Abwesenheit im Roman der neunziger Jahre. Anmerkungen zu M. Beyers *Flughunde* und H.-U. Treichels *Der Verlorene*«, in: *Literatur im Unterricht 2* (2002), S. 177–185.

9. Wort- und Sacherläuterungen

7,3 f. **im letzten Kriegsjahr:** 1945, letztes Jahr des Zweiten Weltkriegs (1. 9. 1939–8. 5. 1945).

7,4 **Osten:** Gebiete, die östlich der heutigen deutschen Oder-Neiße-Grenze liegen (Pommern, Ostpreußen, Schlesien). Vor dem Zweiten Weltkrieg zum Deutschen Reich gehörend, Siedlungsraum für Deutsche, der nach dem Krieg verlassen werden musste.

8,5 **Box:** damals weit verbreitetes Modell eines Fotoapparates.

9,7 **Taufe:** festliche Aufnahme eines Menschen in die christliche Gemeinde.

11,1 f. **auf der Flucht vor dem Russen:** Deutsche bzw. Deutschstämmige flohen ab 1944 vor der nach Ostpreußen dringenden russischen Armee.

11,6 **Trecks:** Gruppe von Menschen, die vor Kriegsereignissen oder Verfolgung flüchten. Ihren Besitz führen sie meist auf Fuhrwerken oder Karren mit sich.

14,20 **Königsberg:** ehemalige Hauptstadt der preußischen Provinz Ostpreußen, heute Kaliningrad (Russland).

14,21 **der Russe:** Kollektivsingular für die russische Armee.

15,1 f. **»Dawei! Dawei!«-Rufe:** (dt: »Los, vorwärts, weiter!«), Interjektion aus dem Russischen.

18,21 f. **Teutoburger Wald:** Mittelgebirge im Niedersächsischen Bergland, das sich über Niedersachsen und Nordrhein-Westfalen erstreckt.

18,24 f. **Bismarckturm:** zu Ehren von Graf Otto von Bismarck (1815–1898, erster Kanzler des Deutschen Reiches) erbauter Turm.

19,10 Schuld- und Scham**prozessionen**: Prozession: Im religiösen Bereich eine Menschengruppe, die zu Fuß einen feierlichen Umzug vollzieht.

19,23 **schwäbisch-pietistisch:** Der Pietismus ist eine im 17. Jahrhundert entstandene Glaubensbewegung des deutschen Protestantismus, die sich auf wesentliche Ziele der Reformation bezieht, dabei aber auch andere religiöse Traditionsstränge integriert. Selbstbeobachtung und Frömmigkeit zählen zu den wesentlichen Merkmalen dieser Glaubenspraxis. Der schwäbische Pietismus ist eine Spielart dieser Glaubensrichtung.

21,16 **Ford, Buckeltaunus:** Fahrzeug des Modells Ford Taunus G93A, das von 1939 bis 1942 gebaut wurde. Weitere Modellvarianten wurden bis 1952 produziert.

21,21 **Opel Olympia:** Fahrzeugmodell, das seit 1947 gebaut wurde und das erste in Großserie produzierte Auto mit Stahlblechkarosserie war.

21,22 **schwarze Limousine mit den Haifischzähnen:** Von Opel hergestelltes Fahrzeug des Modells »Kapitän«, das zwischen 1938 und Frühjahr 1970 produziert wurde.

23,22 **VW:** Automobilhersteller, »Volkswagen«.

23,22 **DKW:** ehemalige deutsche Automobil- und Motorradmarke, »Dampf-Kraft-Wagen«.

25,19 **Äther:** bezeichnet ein feines Medium, das den Weltraum durchdringt, durch dessen Schwingung sich elektrische Wellen ausbreiten und dessen Existenz inzwischen widerlegt ist.

26,4 **Fernseher:** Fernsehgerät. Der offizielle Sendebetrieb nach Ende des Zweiten Weltkriegs wurde 1952 mit NWDR-Fernsehen wiederaufgenommen. In den folgenden Jahren wuchs der Absatz von Fernsehgeräten stark an.

28,8 **medienabstinent:** bezeichnet das Verhalten einer Person, die keine Unterhaltungsmedien nutzt.

28,13 f. **Kirchenblättchen:** Zeitung, die von einer Kirche gestaltet und herausgegeben wird.

28,18 **Wochenlosung:** meist Sprüche oder Textabschnitte aus der Bibel, die an die Mitglieder einer Gemeinde, z. B. über kirchliche Wochenschriften, verteilt werden.

41,12 **Füllhorn:** aus der Antike stammendes Sinnbild für Fülle (Horn, aus dem auf wundersame Weise Speisen o. Ä. quellen).

44,20 **Jähzorn:** Zorn, der aus geringem Anlass plötzlich ausbricht.

45,11 **büßen:** durch selbst gewählte oder auferlegte Handlungen von einer Schuld wieder frei werden.

45,16 **beide Weltkriege:** Erster Weltkrieg (1914–1918), Zweiter Weltkrieg (1939–1945).

47,4 **Falltür:** Tür, die in eine horizontale Ebene eingelassen ist, häufig Zugang zu Kellern und Dachböden.

50,6 **Suchdienst des Roten Kreuzes:** 1945 gegründete Einrichtung, die Suchanfragen nach im Krieg verschollenen Menschen sammelt und bearbeitet.

52,4 **Findelkind:** Bezeichnung für ein aufgefundenes Kind, das zuvor von den Eltern verlassen, ausgesetzt oder getrennt wurde.

57,12 f. **Trigeminusneuralgie:** neurologische Erkrankung

des fünften Hirnnervs, die plötzlich einschießende, intensive Schmerzen in einer Gesichtshälfte hervorruft.

60,1 **Fingerbeerenmuster:** durch Vererbung bestimmtes Muster der Hautfurchen der Fingerspitzenunterinnenseite.

60,2 f. **Zentraltaschen, Doppelschleifen, Leisten, Wirbel:** Begriffe, die zur Analyse und Beschreibung der Fingerhaut verwendet werden.

63,10 **Mündel:** unmündige Person, meist elternloses Kind, dessen Rechte von anderen (Vormund) vertreten werden.

65,8 **Pranger:** historisches Strafwerkzeug in Form einer Säule, eines Holzpfostens oder einer Plattform, an denen Verurteilte gefesselt und öffentlich vorgeführt wurden.

66,8 **Schillerkragen:** nach Friedrich Schiller benannter offener Hemdkragen, der über dem Jackenkragen getragen wird.

68,21 f. **Anthropologisches Institut:** wissenschaftliche Einrichtung, in der anhand äußerer Merkmale die menschliche Entwicklung untersucht wird.

69,18 **Gostynin:** an der Linken Skrwa gelegene Stadt in Polen in der Woiwodschaft Masowien.

69,18 **Rakowiec:** Dorf im Landkreis Gmina Kwidzyn im Norden Polens, 76 km südlich von Danzig.

71,11 **Lidspalte:** der durch das Ober- und Unterlid eingefasste Spaltraum, durch den das Auge sichtbar ist.

72,8 f. **Tierohrspitze:** Merkmal des menschlichen Ohres am oberen Knorpelrand.

76,16 »**Polenwirtschaft**«: rassistisch fundierter, herablassender Ausdruck für einen unordentlichen Haushalt.

80,21 **Opel Admiral:** Oberklasse-PKW, der von 1937 bis 1939 und dann erst wieder ab 1964 gebaut wurde.

82,24 f. **anthropologisch-erbbiologisches Abstammungsgutachten:** bezeichnet das Ergebnis eines wissenschaftlichen Verfahrens, mit dem die Verwandtschaft zwischen Personen festgestellt werden soll.

87,12 **Gerichtspathologisches Institut:** Einrichtung, in der menschliches Gewebe zur Bestimmung bzw. zum Ausschluss von Krankheiten untersucht wird. Ein Teilgebiet der Pathologie ist auch die Ermittlung von Todesursachen im Rahmen von Obduktionen.

95,15 **Rohrerindex:** auch Ponderal-Index genannt, ist eine Maßzahl zur Beurteilung des Körpergewichts in Relation zur Körpergröße.

99,9 f. **Cordon bleu:** ein mit Käse und Schinken gefülltes, paniertes Schnitzel vom Kalb oder Schwein.

103,3 f. **Totenhemd:** ein meist weißes Hemd, mit dem Tote vor der Bestattung bekleidet werden.

103,19 **Krematorium:** eine Anlage zur Verbrennung von Leichen.

105,11 **Grabfleck:** auch als Altersfleck bezeichnet, kommt durch Pigmentablagerungen in der Haut zustande und tritt bei älteren Menschen auf.

116,11 **Kieferwinkelbreite:** bezeichnet den Übergang des Unterkieferkörpers in den aufsteigenden Ast des Unterkiefers.

117,2 **Jochbeinbreite:** bezeichnet die Breite eines paarigen Knochens des Gesichtsschädels am seitlichen Rand der Augenhöhlen.

118,11 **eine Brücke:** Es handelt sich um die Karl-Theodor-Brücke, auch »Alte Brücke«, das älteste Bauwerk dieser Art in Heidelberg.

119,16 **Karl Theodor:** (1724–1799), war Kurfürst von Pfalzbayern.

119,19 **Flussgötter:** Figuren von Flussgöttern, die allegorisch die vier Hauptströme Pfalz-Bayerns darstellen und Elemente der Statue von Karl Theodor an der Alten Brücke in Heidelberg sind.

123,21 **Mittelfußmuster:** spezifisches Muster der Haut am menschlichen Mittelfuß.

124,3 **Spiralwirbel:** besonderes Muster der Fußhaut.

128,9 f. **Prämie:** Zahlung, die von einem Versicherungsnehmer an einen Versicherer geleistet werden muss, um Versicherungsschutz zu erhalten.

141,17 f. **Land des Lächelns:** Operette von Franz Lehár, Uraufführung 1929.

141,18 **Der Zigeunerbaron:** Operette von Johann Strauss (Sohn), Uraufführung 1885.

146,21 f. **konvex, konkav:** die Begriffe beschreiben, ob ein Nasenrücken nach außen oder nach innen gewölbt ist.

148,21 **Hasenscharte:** angeborene Fehlbildung der oberen Lippe. Entsteht durch eine nicht normale Embryonalentwicklung von Teilen der Mundpartie. Wird heute als Lippen-Kiefer-Gaumensegel-Spalte bezeichnet.

150,19 **Farb- und Integumentmerkmale:** Merkmale der Haut.

153,1 **biomathematisch:** bezieht sich auf ein Teilgebiet der Mathematik, dessen Aufgabe die Beschreibung und Analyse biologischer Probleme mit Hilfe mathematischer Methoden ist.

153,16 f. **Hollerith-Lochkartenuntersuchung:** Verfahren der statistischen Untersuchung mit einer elektrisch-mechanischen Maschine, wobei Daten zu Lochmustern auf Karten codiert werden.

163,16 **Lastenausgleich:** auf einem Gesetz vom 14. August 1952 beruhende finanzielle Entschädigung Deutscher, die durch den Zweiten Weltkrieg und seine Nachwirkungen Besitztümer und Vermögen verloren hatten.

168,18 **Weserbergland:** Mittelgebirgslandschaft.

168,18 f. **Porta Westfalica:** bezeichnet den Durchbruch der Weser zwischen Wiehengebirge und Wesergebirge im nordöstlichen Teil von Nordrhein-Westfalen.

10. Prüfungsaufgaben mit Lösungshinweisen

Aufgabe 1: Eine Figurenbeziehung beschreiben

Beschreiben Sie die Beziehung des Ich-Erzählers zu seinem Vater in der Passage, in der von der Anfertigung der Fußgipsabdrücke im Heidelberger Institut erzählt wird (S. 88–91).

Lösungshinweise

Mit den Gipsabdrücken der Füße, die in Heidelberg abgenommen werden, setzen sich die Untersuchungen fort, die mit Fingerabdrücken, Fotovergleich und Blutanalyse begannen. Der Ich-Erzähler hilft seinem Vater, die Socken auszuziehen. In dieser Passage erfährt man, dass der Vater einst ein schlanker Soldat war. Nun ist er übergewichtig. Dem Ich-Erzähler wird klar, dass er noch nie die nackten Füße des Vaters gesehen hat. Bislang bestand der Vater für ihn nur aus »gestärkten Hemden, einem Anzug mit Weste und Lederschuhen« (S. 89). Irritiert ist er vor allem von den unterschiedlich geformten Füßen des Vaters, wobei der linke »krallenartig« (S. 89) erscheint. Auch über die Füße des Vaters wurde bisher nicht gesprochen. Der linke Fuß könnte auf eine Kriegsversehrung hinweisen, zugleich verleiht das Krallenartige des Fußes dem Vater etwas Bedrohliches. Die Passage verdeutlicht, dass sich Vater und Sohn fremd sind. Der Sohn kennt den Vater nur als Geschäftsmann. Hinter diese Montur bzw.

Fassade hat er bislang nie geblickt; ein persönlicher Zugang zum Vater besteht nicht. Als der Sohn Einfluss auf die Suche nach Arnold nehmen könnte, indem er die Laborantin auf die verschieden geformten Füße des Vaters hinweist, schreckt er einerseits aus Angst vor dem jähzornigen Vater davor zurück. Andererseits verschweigt er seine Beobachtung, um die Trefferquote des Fußvergleichs zu reduzieren.

Aufgabe 2: Eine Textpassage interpretieren

Interpretieren Sie die Textpassage, in der vom Schweinekopf und dem gemeinsamen Essen im Haus der Eltern berichtet wird (S. 38–45). Gehen Sie dabei auf die Bedeutung der Passage für die Gesamterzählung ein.

Lösungshinweise

Zu Beginn der Passage wird der Schweinekopf beschrieben, der eine kulinarische Vorliebe des Vaters ist. Der Kopf des Schweins repräsentiert hierbei zugleich den beruflichen Kontext des Vaters und gibt über seine dortige Stellung Auskunft. Als Großhändler für Fleisch- und Wurstwaren gerät das Schwein zum Symbol seiner geschäftlichen Existenz, es ist seine wichtigste Ware. Als umtriebiger Geschäftsmann hat er sich vom Einzel- zum Großhändler emporgearbeitet. Nun ist er selbst zum ›Kopf‹ des Fleischhandels geworden. Die mehrfache Wiederholung des Wortes »Schweinekopf« verdeutlicht auch in quantitativer Hinsicht die Bedeutung dieses Tierteils, die im Weiteren mehr und mehr ins Symbolische verschoben wird. Die Wertschätzung des Schweinekopfs durch den Vater kommt auch dadurch zum Ausdruck, dass seine Beschreibung zwischenzeitlich ins Ästhetische wechselt: »schön«, »besonders schön«, »gleichmäßig ausgereift« (S. 39). Diese Begeisterung kann der Ich-Erzähler nicht nachvollziehen. Die Schlachtungen der Tiere widern ihn an und er isst nur gezwungenermaßen vom Schweinekopf. Eine wichtige Differenz zwischen Vater und Sohn wird somit durch die unterschiedliche Wertschätzung des Schweinekopfs markiert. Eine mystische bzw. beinahe schon religiöse Bedeutung erhält der Schweinekopf, wenn er als »Füllhorn« (S. 41) beschrieben wird, aus dem die Mutter unzählige Speisevariationen gewinnt, von denen sich die Familie monatelang ernährt. Wundersame Vermehrungen von Speisen sind aus religiösen Erzählungen bekannt, wodurch der Passage ein Subtext unterlegt wird. Vor allem dem Schweinehirn weist der Vater besondere Bedeutung zu. Das Hirn symbolisiert nicht nur Klugheit, die der Vater für sich selbst in Anspruch nimmt und dem Sohn verordnet. Das Hirn ist auch ein Erinnerungsspeicher. Der Schweinekopf ist für den Vater zudem Erinnerungsobjekt; er lässt ihn an »die Schlachttage auf dem Bauernhof seiner Eltern« (S. 42) denken. Der Erinnerungsaspekt wird verstärkt, wenn Bekannte aus dem Osten zum Essen hinzukommen und Anekdoten über das Schlachten ausgetauscht werden. Auch diesen Erzählungen steht der Ich-Erzähler distanziert gegenüber; sie rufen Alpträume bei ihm hervor. In der Erzählung stellt das gemeinsame Essen aber auch das einzige gesellige Ereignis dar, an dem ausgelassene Heiterkeit im Haus der Familie herrscht. Stets führen die allgegenwärtigen Schuld- und Schamgefühle jedoch dazu, dass selbst diese fröhlichen Gespräche irgendwann von Melancholie und Schweigen beendet werden. Abschließend wird das ausgelassene Essen mit Sünde assoziiert, denn die Eltern »büße[n]« (S. 45) in den nächsten Tagen dafür. Das Schweineessen und Schlachten haben vor allem im Leben des Vaters und der Gäste einen wichtigen Stellenwert, wie die häufige Nennung von Wörtern und Begriffen aus dem semantischen Umfeld von ›Schwein‹ und ›schlachten‹ verdeutlicht. Auch für das Findelkind 2307 spielt das Schlachten, wie an späterer Stelle im Text bekannt wird, eine zentrale Rolle: Es absolviert eine Fleischerlehre. Die Mutter und der Sohn hingegen sind daran nur am Rande beteiligt.

Aufgabe 3: Einen thematischen Schwerpunkt erörtern

Erörtern Sie am Beispiel der Untersuchung des Ich-Erzählers im Heidelberger Institut zur Erstellung eines »anthropologisch-erbbiologischen Abstimmungsgutachtens« (S. 113–118) und weiterer selbstgewählter Textpassagen die erzählerische Bedeutung der verwendeten wissenschaftlichen Untersuchungsverfahren.

Lösungshinweise

Der Erzählabschnitt der Heidelberger Untersuchungen gehört zu den umfangreichsten des gesamten Textes. Die Untersuchung des Ich-Erzählers findet in den Räumen des Professors Liebstedt statt, die von Spuren des Krieges gezeichnet sind. Der Professor tastet den Kopf des Ich-Erzählers zunächst ausgiebig und zunehmend kraftvoll ab. Die eingehende Untersuchung bringt den Ich-Erzähler ins Schwitzen und ruft Schamempfindungen hervor. Anschließend vermisst der Professor den Kopf des Ich-Erzählers mit einer Holzzange von allen Seiten und ermittelt mit einem weiteren Instrument die relative Kieferwinkelbreite. Der detaillierten Beschreibung des Untersuchungsablaufs widmet der Ich-Erzähler viel Raum. So entsteht der Eindruck, dass sein Kopf mit Messverfahren regelrecht überhäuft wird und sich – bildlich gesprochen – in eine Vielzahl von Werten und Ziffern auflöst. Seine Persönlichkeit hat hier keinerlei Bedeutung. Die in dieser Textpassage dokumentierte Vermessung des Kopfes ist eine von mehreren dargestellten Untersuchungen im Text. Andere Verfahren sind die Fingerabdruck- und Blutuntersuchung, der fotobasierte Gesichts- und Schädelvergleich sowie das biomathematische Zusatzgutachten. Gemeinsam ist allen Untersuchungen, dass sie von zwischenmenschlichen Beziehungen abstrahieren und familiäre Zugehörigkeit ausschließlich von körperlicher oder genetischer Ähnlichkeit abhängig machen. In unterschiedlichem Ausmaß stellen die Untersuchungen zunächst eine erbbiologische Familienähnlichkeit her, relativieren diese Ähnlichkeit aber stets auch wieder. Im Endeffekt bleiben alle Untersuchungen unergiebig und stellen den Ich-Erzähler und seine Familie durch den komplizierten (pseudo-)wissenschaftlichen Sprachgebrauch der Gutachten vor Verstehenshürden. Die Klarheit, die sich die Familie von der Wissenschaft wünscht, stellt sich nicht ein. Am Ende weigert sich die Mutter, das Ergebnis des biomathematischen Gutachtens zu akzeptieren, wodurch alle Untersuchungen irrelevant werden. Wissenschaft erscheint in der Erzählung als wenig hilfreich und wird von der Familie zunehmend kritisch gesehen. Zu berücksichtigen ist, dass die in der Untersuchung eingesetzten Verfahren sowie die Fixierung des Professors auf die Bedeutung der Kopfmaße und -proportionen hinweisen, die im Rahmen nationalsozialistischer Medizin und Rassenkunde eine wichtige Rolle spielten.

Aufgabe 4: Medienübergreifend arbeiten – einen literarischen Text und einen Film vergleichen

Vergleichen Sie Hans-Ulrich Treichels Erzählung *Der Verlorene* mit der filmischen Adaption *Der verlorene Bruder* (2015, R: Matti Geschonneck). Stellen Sie dar, welche wesentlichen Veränderungen im Drehbuch gegenüber der literarischen Vorlage vorgenommen wurden.

Lösungshinweise

Das Filmdrehbuch füllt viele Leerstellen der Erzählung. Alle Figuren tragen im Film einen Namen. Der Vater heißt Ludwig, die Mutter Elisabeth, der Ich-Erzähler Max. Die Fokussierung auf die Ich-Erzählperspektive wurde medienspezifisch durch Figurenrede in Dialogform aufgebrochen, wodurch die Charaktere ein genaueres Profil gewinnen. Der Film erweitert die Erzählräume und vermittelt Informationen über Max' Erfahrungen in der Schule. Auch eine aufkeimende Beziehung zur Mitschülerin Milli wird im Film dargestellt. Darüber hinaus wird die Figur des Max deutlich handlungsmächtiger gezeichnet als der Ich-Erzähler in Treichels Text. Max hintergeht seine Eltern, indem er nicht den eigenen Hinterkopf, sondern den eines Mitschülers fotografieren lässt. Und um die Fahrt zur Untersuchung zu verhindern, sabotiert er die Handbremse des väterlichen Autos, weshalb es in Heidelberg zu einem Unfall kommt. Auch einzelne Details der Erzählung werden im Film verändert: So kümmert sich etwa im Film Max und nicht, wie in der Erzählung, der Vater um die Tauben im Nebengebäude des Hauses. Der grundlegende Plot der Erzählung bleibt erhalten, auch wenn der Vergangenheit von Vater und Mutter deutlich weniger Aufmerksamkeit zukommt. Der Film erweitert Treichels Erzählung außerdem um zusätzliche Figuren und weitere Handlungselemente. Die erzählerische Ironie des Textes wird im Film durch Versatzstücke der Komödie ergänzt. Es sollte erkannt werden, dass der Film keine originalgetreue Übersetzung einer literarischen Vorlage ist, sondern eine eigenständige Gestaltung eines Stoffes darstellt.

11. Literaturhinweise/Medienempfehlungen

Textausgaben

Hans-Ulrich Treichel: Der Verlorene. Frankfurt am Main: Suhrkamp, [13]2016. [Nach dieser Ausgabe wird zitiert.]

Hans-Ulrich Treichel: Der Verlorene. Mit einem Kommentar von Jürgen Krätzer. Frankfurt am Main: Suhrkamp, [7]2014.

Hans-Ulrich Treichel: Der Entwurf des Autors. Frankfurter Poetikvorlesungen. Frankfurt a. M.: Suhrkamp, [3]2000.

Interviews mit Hans-Ulrich Treichel

André Hille: Man möchte Varianten des eigenen Lebens erzählt bekommen. Hans-Ulrich Treichel im Gespräch mit André Hille. In: Poetenladen.de, 10. 8. 2007. www.poetenladen.de/andre-hille-hans-ulrich-treichel.html (Stand: 21. 1. 2020).

Anja Brockert: Der Schriftsteller Hans-Ulrich Treichel. In: SWR 2 (14. 3. 2017) [Reihe Zeitgenossen]. Online nachzuhören unter: www.swr.de/swr2/leben-und-gesellschaft/Der-Schriftsteller-Hans-Ulrich-Treichel, aexavarticle-swr-49304.html (Stand: 21. 1. 2020).

Rezensionen *Der Verlorene*

Göpfert, Peter Hans: Bruderliebe mit Schweinskopf. In: Berliner Morgenpost (30. 08. 2003). www.morgenpost.de/printarchiv/kultur/article102415547/Bruderliebe-mit-Schweinskopf.html (Stand: 21. 1. 2020). [Kritik zur Aufführung des Theaterstücks]

Hage, Volker: Auf der Suche nach Arnold. Der Schriftsteller Hans-Ulrich Treichel erzählt vom Trauma einer deutschen Nachkriegsfamilie, die auf der Flucht aus Ostpreußen ein Kind verloren hat – eine Geschichte mit realem Hintergrund. In: Der Spiegel 13 (23. 3. 1998). www.spiegel.de/spiegel/print/d-7852006.html (Stand: 21. 01. 2020).

Hagestedt, Lutz: Von Schuld und Scham und wie es dazu kam. Hans-Ulrich Treichel erzählt eine einfache Geschichte von großer epischer Fülle [o. J.]. www.hagestedt.de/rezensionen/b40Treichel.html (Stand: 21. 1. 2020).

Schulz, Gerhard: Das dauerhafte Grinsen im Opel Admiral. Westfälischer Unfriede: Hans-Ulrich Treichels meisterhafte Erzählung *Der Verlorene*. In: Frankfurter Allgemeine Zeitung (24. 3. 1998). www.faz.net/aktuell/feuilleton/buecher/rezensionen/belletristik/rezension-belletristik-das-dauerhafte-grinsen-im-opel-admiral-11295271.html?printPagedArticle=true#pageIndex_2&service=printPreview&service=printPreview (Stand: 22. 1. 2020).

Sekundärliteratur

Kossert, Andreas: Kalte Heimat. Die Geschichte der deutschen Vertriebenen nach 1945. München: Siedler, 2008.

Krätzer, Jürgen: Kommentar. In: Hans-Ulrich Treichel: Der Verlorene. Mit einem Kommentar von Jürgen Krätzer. Frankfurt a. M.: Suhrkamp, ⁷2014. S. 137–176.

Vedder, Ulrike: Verschobenes Erzählen: NS-Medizin in Hans-Ulrich Treichels Roman *Der Verlorene*. In: NS-Medizin und Öffentlichkeit. Formen der Aufarbeitung nach 1945. Hrsg. von Stephan Braese und Dominik Groß. Frankfurt a. M. / New York: Campus, 2015. S. 285–300.

Zur Biografie

Zeittafel. In: Hans-Ulrich Treichel: Der Verlorene. Mit einem Kommentar von Jürgen Krätzer. Frankfurt a. M.: Suhrkamp, ⁷2014. S. 137–139.

Medien

Hinzuweisen ist besonders auf den Fernsehfilm *Der verlorene Bruder* (2015, Regie Matti Geschonneck), der auf Hans-Ulrich Treichels Erzählung *Der Verlorene* basiert. Der Film liegt als DVD vor und kann als Download bezogen werden. Der WDR stellt Material mit Hintergrundinformationen und Interviews zur Verfügung, das kostenfrei im Internet heruntergeladen werden kann:

presse.wdr.de/plounge/tv/das_erste/2015/11/_pdf/Der_
  verlorene_Bruder.pdf (Stand: 21. 1. 2020).
Ein auf YouTube verfügbarer Trailer ermöglicht einen
  Einblick in den Film:
www.youtube.com/watch?v=b7Tt3mpieZc
  (Stand 21. 1. 2020).

12. Zentrale Begriffe und Definitionen

Anagnorisis: griech., ›Wiedererkennen‹. Bezeichnet im Drama den Moment des Erkennens, in der Tragödie vor allem das Wiedererkennen zweier Figuren.

➤ S. 68 f.

Autobiografie: Literarische Beschreibung der eigenen Lebensgeschichte aus der Retrospektive, zumeist in der Ich-Form. Oftmals wird eine Identität von Autor, Erzähler und Protagonist angenommen. Die literarische Überformung der Autobiografie bzw. des autobiografischen Schreibens erfordert jedoch eine differenzierte Sicht auf das Verhältnis von Autor und Erzählinstanz.

➤ S. 10, 94, 96, 121, 126

Binnenerzählung: Eine oder mehre Erzählungen unterschiedlichen Umfangs, die in eine Rahmenerzählung eingebettet sind.

➤ S. 69

Erzählperspektiven: Vermittlungsformen erzählerischer Rede in literarischen Texten, die sich in Anlehnung an das erzähltheoretische Modell F. K. Stanzels in auktoriale, personale und Ich-Perspektive differenzieren lassen. Die Ich-Erzählperspektive kann unterschieden werden in ein erlebendes und ein erzählendes Ich. Das erzählende Ich kann eine Geschichte rückblickend erzählen und somit auktorial in Bezug auf die Geschichte sein. Das erlebende Ich agiert in der Geschichte selbst und weiß nur, was es im Moment erlebt oder erinnert.

➤ S. 7, 152

Erzählte Zeit: Dauer, die die Handlung einer erzählten Geschichte in Anspruch nimmt. Abzugrenzen ist der Begriff von dem der Erzählzeit, der die Zeit bezeichnet, die das Erzählen einer Geschichte erfordert. Das Verhältnis von erzählter Zeit und Erzählzeit kann als gedehnt, gerafft oder deckend beschrieben werden.

➤ S. 7, 32, 65

Erzählung: Bezeichnet einen Erzähltext mittlerer Länge, der kürzer und weniger komplex als ein Roman ist. Der Begriff der Erzählung ist nicht unumstritten, da er sich von anderen epischen Formen, z. B. der Novelle, nicht trennscharf abgrenzen lässt.

➤ S. 7, 10 f., 63–65, 67, 69

Figur: In einem literarischen Text dargestellte Gestalt, über deren Innenwelt, Vergangenheit und Zukunft der Leser je nach erzählerischer Perspektive mehr oder weniger erfahren kann.

➤ S. 31–33, 55, 60, 62, 80, 99 f., 146, 152

Gleichnis: Kurze Erzählung, die einen Begriff durch bildhafte Rede veranschaulicht. Häufig im religiösen Bereich gebraucht.

➤ S. 76, 118–121

grotesk: Ästhetische Gestaltungsform und literarische Schreibweise, die Komisches mit Grauenerregendem mischt, um beim Rezipienten Irritation hervorzurufen.

➤ S. 60, 136

Intertextualität: Bezeichnet die Beziehungen, die Texte untereinander haben. Zunächst wurde der Begriff verwendet, um erkennbare Verweise in einem Text auf ältere, ebenfalls literarische Texte zu markieren. Mittlerweile meint Intertextualität sämtliche Relationen zwischen Texten.

➤ S. 11, 121

Ironie: Rhetorisches Mittel, das eine wörtliche Aussage in meist kritischer Absicht sinnverkehrt bzw. bedeutungsmäßig verfremdet gebraucht.

➤ S. 11, 79 f., 105, 131, 152

Leitmotiv: Bezeichnet in literarischen Texten eine wörtlich oder sinngemäß wiederkehrende Aussage, die einer Figur, Situation, Stimmung, Idee, einem Gegenstand oder Sachverhalt zugeordnet ist. Über Leitmotive können Vorausdeutungen oder Rückverweise erfolgen. Leitmotive haben im Text häufig gliedernde Funktion.

➤ S. 76, 119

Metapher: Rhetorisches Stilmittel, das ein gemeintes Wort durch ein anderes ersetzt, das eine sachliche oder gedankliche Ähnlichkeit oder dieselbe Bildstruktur aufweist.

➤ S. 76, 78

Narzissmus: Beschreibung einer auf den Mythos des Narziss zurückgehende Verhaltensqualität eines Menschen, der sich für wichtiger und wertvoller einschätzt als urteilende Beobachter ihn charakterisieren.

➤ S. 80, 119

Nationalsozialismus: Politische Bewegung in Deutschland (20. Jahrhundert), die durch eine radikal antisemitische, rassistische, antikommunistische und antidemokratische Ideologie geprägt war.

➤ S. 10, 58, 71, 76, 81, 93, 111, 151

Ostpreußen: Bezeichnet ein Gebiet an der südöstlichen Beuge der Ostseeküste. Es zieht sich entlang der Frischen und Kurischen Nehrung ungefähr zwischen dem Delta der Weichsel und der Mündung der Memel. Landschaft mit historisch-politischer Bedeutung und Schauplatz von Kriegshandlungen im Zweiten Weltkrieg.

➤ S. 7–10, 82–85, 118

Paratext: Bezeichnet alle Textteile, die zusammen mit einem literarischen Text auftreten können, dabei aber nicht eigentlich zum Text gehören, z. B. Titel, Vorworte, Fußnoten usw.

➤ S. 63

Poetikvorlesung: An der universitären Vorlesung orientiertes Redeformat, in dem Schriftstellerinnen und Schriftsteller vor einem breiten Publikum Auskunft über ihre poetologischen Überlegungen geben.

➤ S. 85, 94

Symbol (literarisches): Bildhaftes Zeichen in literarischen Texten, das über sich selbst hinaus auf einen höheren, geistigen Bedeutungszusammenhang verweist. Die Beziehung zwischen Bild und Bedeutung im Symbol ist in der Regel nicht rational auflösbar, sondern muss auf der Grundlage eines gemeinsamen kulturellen Hintergrunds verstanden werden.

➤ S. 10, 48, 58, 70 f., 112, 147 f.

Tragödie: Form des Dramas, das in seiner klassischen Variante einem strengen Aufbau folgt und von einem tragischen Konflikt bestimmt wird, der den Helden in den Untergang führt.

➤ S. 66 f.

Verdrängung: In der Psychoanalyse Freuds ein angenommener psychologischer Abwehrmechanismus, durch den tabuierte oder bedrohliche Sachverhalte oder Vorstellungen von der bewussten Wahrnehmung in den unbewussten Bereich der Psyche verschoben werden.

➤ S. 112, 116

Wiederholung: Rhetorische Figur, die das mehrmalige identische oder veränderte Auftreten von Textelementen auf verschiedenen Ebenen (Laut, Wort, Satz) bezeichnet.

➤ S. 78–80, 97

Reclam Kompaktwissen **XL**

Die perfekte Vorbereitung auf das Abitur!

Yomb May:
Abiturwissen Deutsch

Alles, was man wissen muss:

- Sprache und Kommunikation
- Literarische Gattungen
- Deutsche Literaturgeschichte
- Rhetorik und Stilistik
- Filmanalyse

+ Wiederholungskurs Grammatik und Rechtschreibung

Reclam   www.reclam.de